燕赵绘锦绣

河北省十佳公园

「二〇一〇年度」

河北省住房和城乡建设厅 主编

中国林业出版社

图书在版编目（CIP）数据

燕赵绘锦绣 ：河北省十佳公园（2010年度）/ 河北省住房和城
乡建设厅 主编． -- 北京 ：
中国林业出版社，2011.7
ISBN 978-7-5038-6256-4

Ⅰ．①燕… Ⅱ．①河… Ⅲ．①公园－介绍－河北省
Ⅳ．①K928.73

中国版本图书馆CIP数据核字(2011)第140114号

中国林业出版社 · 建筑与家居图书出版中心
责任编辑：李　顺
电话、传真： （010）83223051

策　划：北京山水风景科技发展有限公司
出　版：中国林业出版社（100009 北京西城区德内大街刘海胡同7号）
印　刷：北京顺诚彩色印刷有限公司
发　行：新华书店北京发行所
电　话：（010）83224477
版　次：2011年7月第1版
印　次：2011年7月第1次
开　本：889mm×1194mm　1/12
印　张：18.5
字　数：350千字
定　价：198.00元

燕赵绘锦绣——河北省十佳公园 (2010年度)

总　策　划	宋恩华
编委会主任	朱正举
副　主　任	李贤明
主　　　编	李建秋
执 行 主 编	朱卫荣　齐思忱
编　　　委	王　景　王　庆　郑占峰　刘桂林　王文龙
	聂庆娟　岳　晓　杨　慧
设　　　计	北京山水风景科技发展有限公司

目录

公园是指城市中具有一定用地范围和良好的绿化，并配套相关设施，供群众游憩的公共区域。公园是城市园林绿地系统的重要组成部分，它既是老百姓休闲、游憩、社交和开展文娱、文教活动的重要场所，又具有美化环境、调节气候、改善生态、发展旅游、防灾减灾等多方面的功能和效益。可以说，公园是建设生态宜居现代化城市的重要内容。

河北省地形地貌多种多样，城市景观丰富多彩。为深入贯彻科学发展观，加快城市现代化步伐，我们开展了城镇面貌"三年大变样"工作，其中将城市园林绿化建设作为重要内容，打造了一批布局合理、生态良好、特色鲜明、设施齐全、管理到位、景观优美、文化艺术水平较高的精品公园，使城市绿量大幅增加，环境质量明显改善，城市面貌有了很大改观。截止到2010年底，全省共有公园548个，其中"三年大变样"期间建成399个。河北省"十佳公园"就是从所有已建成公园中遴选出的"精品"，也代表了目前我省公园绿地建设的最高水平。

本书以河北省"十佳公园"为例，系统地总结和介绍了我省近年来公园设计、建设和管理的新理念、新技术、新方法。希望本书的出版发行能为河北省的城镇建设"三年上水平"，为生态宜居城市的建设，为城市的可持续发展提供参考和借鉴。

朱晨华

二〇一一年六月二日

前言

公园绿地的产生和发展源于改善环境的社会需求。早在19世纪，人们为消除工业革命后带来的诸多近代城市弊病而寻找改革的良方，最终发现营造公园、建设绿地乃是最好的措施之一，从此公园绿地的建设得到迅速发展。我国在进入近代社会后各地的城市虽然都有所发展，但总体变化不大。新中国成立后，即使在一些主要的大城市发展中考虑了公园绿地的建设，但这些绿地往往更多地关注防风、防尘、增氧、吸收有害气体等功能。改革开放以来，随着社会经济的迅速发展，人们对生活质量的要求也越来越高，因而城市建设也逐渐从仅仅注重经济总量的增长、营造"现代化"的建筑外观形象向关心、改善和优化人居环境方面转化。近年来创建文明城市、园林城市、生态城市等的建议和提案时时见诸各种媒体，园林城市被看作是21世纪我国城市环境的理想模式。

新中国成立以来，特别是改革开放30多年的实践经验得出的重要启示：城市的环境质量直接影响着城市的可持续发展和社会进步及现代化建设，良好的城市生态环境已成为社会经济发展不可缺少的基础条件。其中园林绿化建设是城市中唯一有生命的基础设施，也是城市生态环境建设中最经济、最有效的重要因子。公园作为城市园林建设的核心和历史文化的载体，不但能够有效地维护城市生态平衡、改善城市环境，还在健全生态功能、保护文物、提高城市形象及品位等方面都发挥着十分显著的作用。随着思想文化、生活方式和科学技术的发展，公园建设的内容、形式、风格和规模，都将以新的思维方式和理念不断创新，并日渐成为市民休闲、游憩、社交和开展文娱、文教活动的重要场所，对维护城市生态平衡和城市的可持续发展有着不可替代的作用。

为贯彻落实党的十七大和省委七届四次全会精神，坚持以科学发展观为统领，全面提升城市品位，改善人居环境，构建和谐社会，河北省委、省政府于2008年在全省开展了"城镇面貌三年大变样"活动，城市园林绿化凭借其积极的自然因素，在"三年大变样"工作中发挥了独特的"主力军"作用，投资力度不断加大，公园绿地建设步伐不断加快，拆墙透绿深入开展，河道治理和环境整治节奏加快，建设了一大批文化品位高、生态效果好的园林绿地，城市绿地面积由2007年的4.5万hm²增加到5.7万hm²，人均公园绿地面积由8.4m²增加到11.5m²。其间，把公园建设作为变面貌、惠民生的重点加以推进，公园建设得到了飞速发展。据统计，全省现有公园548个，其中仅"三年大变样"以来建成公园399个，新建游园1108个，已逐步形成了以历史名园为核心，综合公园、主题公园、社区公园、专类公园为主体，带状公园、街旁绿地等为补充的城市公园体系。河北公园凭借其博大精深的历史文脉，丰富多彩的艺术特色，个性鲜明的设计风格，清新典雅的优美环境，热情周到的接待服务，赢得了无数中外游客的赞誉。

为充分展示河北省城市建设丰硕成果，激发广大干部群众关注、支持和积极投身城市建设的热情，进一步弘扬精品意识，充分发挥示范引领带动作用，在全省形成推动城镇建设上水平、出品位的浓厚氛围，打造资源节约型、环境友好型生态宜居城市，河北省住房和城乡建设厅于2010年6月印发了《河北省十佳公园评选标准和办法》，并按照规定的条件和程序，开展了"十佳公园"评选。即从全省抽调了相关专家对申报公园进行实地考察、评估和打分；在此基础上，邀请省内外专家召开评选会议进行评定和筛选。经过业内专家多次的审议、论证和评选，石家庄市植物园、石家庄市长安公园、邯郸市丛台公园、邯郸市赵苑公园、秦皇岛市奥林匹克公园、唐山市南湖城市中央生态公园、唐山市凤凰山公园、廊坊市文化公园、张家口市人民公园、沧州市人民公园脱颖而出，荣获河北省首批"十佳公园"称号。

为加强行业交流，学习借鉴先进做法、经验，进一步巩固创建成果，不断提高城市公园规划设计、建设管理的基本理论、方法和技能，争取在城镇建设"三年上水平"工作中取得更大的成绩，河北省住房和城乡建设厅成立了由厅领导挂帅、各市有关部门和单位参加的编辑委员会，并委托河北省风景园林学会组织全省园林行业专家、学者编写了本书。

全书图文并茂，通俗易懂。首先依据我国城市园林绿化相关标准，理论结合实践，详细剖析了十佳公园设计、建设、管理、特色、亮点、成效等方面的实践案例，力图给予读者感性的学习和认知；其次，系统归纳了相关部门创园经验，园林建设科研成果及应用，使读者进一步了解河北省园林建设发展状况、公园建设管理方法和基本技能等；另外，书后附《河北省"十佳公园"评选标准办法》等相关标准规范，方便查找，便于借鉴和规范应用。

该书重点介绍了十佳公园的设计理念、建设过程、管理经验、特色亮点、建设成效等，所介绍的公园、公园局部和园中之园，在园区内容和造园形式上各有千秋：有的是位于城市中心区的老公园，由于建园时间较长，又经过不断升级和改造，公园设施较为齐全，服务水平较高，各项管理更为到位，最大限度地发挥公园的各项功能。这些城市中心公园，已经成为人们生活中不可分割的一部分。如石家庄市长安公园、唐山市凤凰山公园、沧州及张家口市人民公园等就是典型代表；有的是主题明确、游览特点和功能作用突出的公园，园内所有的色彩、造型、植被等均为表现主题服务，是集科研、健身、娱乐、旅游、生产等为一体的综合公园。如石家庄市植物园、秦皇岛市奥林匹克公园等；有的是新建公园，布局合理、功能完善、植物丰富，注重新技术和新材料的应用，规划设计理念有了很大提升，从过去城市中的园林，发展成为园林中的城市，引领着城市建设未来的"人与自然更加和谐"的发展方向，为打造城市品牌、提升城市综合竞争力及带动地方经济发展等发挥了重要作用。如唐山市南湖城市中央生态公园等；有的是将历史古迹与自然景观完美结合，依托丰厚的历史文化，从场地的本源文化入手，注重历史古迹的保护和开发利用，将漫长的时间变迁中地域独有的历史、地貌、民俗、宗教等文化以现代的景观形式融入公园中，以更符合现代景观审美情趣的表现手法，重新塑造其本源文化，充分彰显城市独特的人文景观和历史文化脉络。如邯郸的丛台公园和赵苑公园等。总之，"十佳公园"在城市绿地建设中从不同程度上突出了四项功能：一是强化生态功能，即绿地以植物为主体，充分发挥生态效益，改善城市"热岛效应"；二是注重景观功能，即绿化建设与改善城市景观紧密结合，形成具有河北特点的"春景秋色"植物景观；三是传承历史文化功能，即将历史文化与景观相融合，构建具有历史文化认同感，丰富文化生活、进而塑造适应现代人们生活需要的精神文化空间；四是加强社会服务功能，即坚持以人为本，在一些绿地内适当增加一些健身、体育和休闲及无障碍设施等，促进社会和谐。其规划具有远见卓识，其设计复杂而精细，其管理服务充分体现了"以人为本"，这些成就反映了决策者、领导者、设计者、管理者们浑然的气魄和艰苦奋斗的足迹，这些作品无愧为城市园林绿化中的佼佼者。

　　建设公园绿地，创建园林城市是一个系统工程，河北省虽然在这方面取得了阶段性成绩，实现了跨越性发展，但和一些发达地区相比，有些目标还有待进一步探索和提升。今后全省将结合开展城镇建设"三年上水平"工作，实施园林绿化提升专项行动。本着"创建、增绿、提质"的思路，以创建园林城市、县城为载体，充分利用城市绿地、公园资源，进一步加强和提升城市绿地系统功能，加快城市绿道绿廊建设，强化城市慢行道交通系统，着力修复城市生态系统，加快精品公园建设步伐，不断完善城市基础设施，改善城市人居环境，通过规划建绿、拆建还绿、见缝插绿、立体营绿、破硬增绿等多种方式增加城市中心区绿量，改造提升城市公园、街头绿地和游园，不断满足和丰富市民对健康娱乐的需求。

这本记录河北省公园绿地景观建设及管理的图书，在一定程度上反映了目前河北省园林事业涉及的广度和深度，从不同侧面反映了河北公园建设水平，也在较大程度上反映了这一时期园林设计的艺术水准和技术水平，展示了园林艺术成就，为城市园林建设发挥了模范引领作用，树立了标杆和典范。

本书由于编写时间紧迫，涉及内容较多，书中难免存有问题与不足，敬请广大读者、同行批评指正，在此致以深深的谢意！

编者

2011年6月

石家庄市植物园

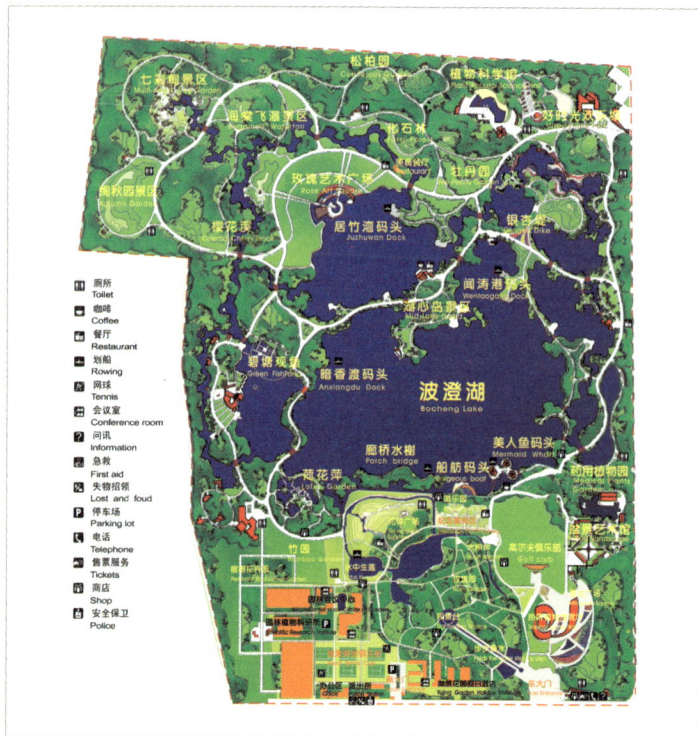

石家庄市植物园

一、公园概况

石家庄市植物园地处市区西北部，其前身为石家庄市西苗圃。1998年利用原苗圃建设植物园。植物园定位为科研科普、示范观光并重。总占地面积200h㎡，为大型植物主题公园。

植物园从1998年4月25日开工建设到2003年10月1日正式开园，经过不断建设发展，已成为集科研科普、迁地保护、游览观光、休闲娱乐、社会生产、示范展示等多功能为一体的近郊绿色生态休闲基地。建成科普教育与游乐区、植物系统分类区、观赏植物品种展示区、植物进化展示带、水上游憩区、盆景园区、温室、宿根花卉展示区、综合服务区、办公科研生产区、旅游服务区。并形成了波澄湖、热带植物展厅、盆景艺术馆、植物科学馆、廊桥水榭、湖心岛、雕塑广场、沙漠风情园、山茶馆、荷花萍、碧塘观鱼、海棠飞瀑、植物园大门广场等40余个景点及郁金香园、海棠园、牡丹园、竹园、玫瑰月季园、樱花园、碧桃园、丁香园、药用植物园等22个植物专类园。

植物园的整体景观充分考虑了山、水、植物、建筑的有机交融，巧于布局，使其疏朗点缀于绿丛中。宽阔的水面，葱绿平坦的绿地，各具特色的植物，伴随着春夏秋冬的变化展示着它们不同的景色，让人们从中感受季节的交替，领略自然的风光，更体现了华北地区气候下的景观特色。

植物园开放至今相继被授予"全国青少年科学教育基地"、"中国生物多样性保护示范基地"、"全国科普教育基地"，河北省"五星级公园"等荣誉称号。

二、规划设计

(一) 设计原则

(1) 生态优先的原则——突出"绿"字。通过造园艺术创造出景观优美、生态健全的环境。为改善石家庄城市的生态环境起到积极的作用。

(2) 多样统一的原则——体现"融"字。通过合理布局，将植物科普教育、生态游览观光、植物科学研究、植物品种推广开发等多项功能融为一个有机的整体。

(3) 景观、文化地方性的原则——表现"特"字。总体规划手法上，继承中国优秀的园林传统理法，突出体现和展示华北特有的植物景观及悠久的桥文化历史与传统。

(4) 以人为本的原则——内涵"宜"字。在规划上既体现出大尺度的自然山水空间环境，又创造辽阔、壮丽、符合时代特征的风格。在游览项目的设置、景点及建筑小品风格上力求质朴，为久居闹市的城市居民提供休闲娱乐的场所。

(5) 物种多样与适地适树的原则——展现"多"字。在植物种类的选择上遵循适地适树的原则，突出体现展示华北地区的植物种类，重点展示石家庄市可露地越冬的常绿阔叶植物品种。

(6) 可持续、综合发展的原则——植物园的规划建设遵循统一规划、分期实施的方针，通过合理的规划布局及项目设置，逐步建成，并融为一体，使规划具有可操作性和一定的弹性，探索在新环境下建设与管理的新途径。

依循上述原则，植物园在设计上借鉴了国内外先进的造景和造园技术，做到中西结合、气势宏大、主次分明，具有较强的时代特色和丰富的文化内涵，成为以收集、展示和保存植物资源，即科学研究和游览功能为一体的综合性园林植物园。

(二) 功能分区

1. 植物园门前广场区

新建的植物园门前广场，在京广货运铁路线处新增设了绿化景观及三处交通涵洞，使石太高速北侧形成了整体景观绿化长廊；广场西侧建设一座高水平、高标准、高品位，面积达2万m²的花卉市场和生态餐厅；广场两侧建成了大容量生态林荫停车场和公交专用停车场；植物园大门是一座彩虹造型的"绿色"大门；售票中心具有布局合理的售票口和遮阳棚；新建成的游客服务中心可为游客提供问询、导览、存包等各项贴心服务。同时增设了综合性经营服务设施。

◀ 植物园游览图
▼ 植物园鸟瞰图

5

2. 科普教育、游乐区

位于植物园东北角。设有植物科学馆、树化石森林、好时光游乐城、雕塑广场等，是科普教育、休闲娱乐的重要场所。

3. 植物分类展示区

位于植物园北部。主要包括：裸子植物展示区（松柏园）、木兰亚纲（木兰园）、五桠果亚纲（芍药、牡丹园）、石竹亚纲（缀花草地）、金缕梅亚纲（绚秋园）、蔷薇亚纲（玫瑰月季园、樱花园、碧桃园、海棠园）、菊亚纲（丁香园）。

4. 观赏植物品种展示区

该区是植物园的景观主体，围绕大湖面规划设计了有不同的观赏主题专类园。主要包括：松柏园、木兰园、牡丹园、月季蔷薇园、樱花园、碧桃园、海棠园、丁香园、水生植物园、竹园、药用植物园、荷花萍、宿根花卉园、郁金香园等景区。

5. 植物进化展示带

结合水体、地形的改造，以堤、岛的形式展示植物由低等向高等进化的过程。本区包括以展示藻类、菌类为主的室内人工气候岛；以展示地衣、苔藓与岩石、枯木结合的堤岛；以展示裸子植物为主的银杏堤、水杉岛、松杉岛；以展示单子叶植物为主的大草坪、鸢尾花溪、棕榈岛、竹园；以展示被子植物为主的木兰岛。构成主题景观鲜明、富有科学内涵的景观。

6. 水上游憩区

采用自然式、大尺度的山水框架，构成植物园的景观中心，并形成了波澄湖为主的水域景观。游客可进行划船、观鱼，欣赏湿生、水生植物、观赏桥文化等游憩活动。

7. 盆景园区

13000m²的盆景艺术馆采用院落式布局的方式、注重盆景艺术馆外部空间环境的塑造，通过水体、地形等与外部环境取得紧密的联系。

8. 温室、宿根花卉展示区

近1万m²的室内植物展示区，紧邻植物园东大门。有热带植物观赏厅、沙漠风情园和山茶馆。

9. 综合服务区

位于植物园办公区，有园林会议中心、御景园假日酒店、网球中心、园林学术交流中心。是集接待会议、餐饮、住宿、体育、学术交流等功能为一体的场所。

10. 办公、科研生产区

植物园管理处、植物园派出所、园林科研所和花卉繁育中心、2万m²的生产实验温室，地处园区的西南侧。

◀ 园林小品—少年郑板桥

◀ 郁金香花展

◀ 碧桃大道

▶ 波澄湖

▶ 盆景艺术馆

▶ 植物园科研所培育新优花卉

▶ 植物科学馆

4. 轮滑博物馆

　　于2008年投资建成，是亚洲第一座、世界第二座轮滑专项博物馆，建筑面积721m²，共设有8个展厅，从多个角度、多侧面向大家展示轮滑运动与文化。

5. 五大标准体育场

　　共分为国际标准轮滑场、标准的运动场、网球场、篮球场和门球场。这五大标准体育场为游客和当地居民提供了良好的健身娱乐场所，其中轮滑场自2005年建园以来至今共举办全国性的轮滑比赛6场，吸引了全国各地专业和非专业的轮滑爱好者。

（五）雕塑景观

　　园内沿人流集中区域及车行路两侧设置了"拳击举重区"、"大球雕塑区"、"体操区"、"田径区"等10个分区主题雕塑群。为增加园内雕塑的趣味性、参与性，园内还规划设置了两处与运动有关的童趣类雕塑区，使公园雕塑的文化性、运动性、趣味性、参与性有机地融合在一起。

50

◀ 轮滑博物馆
◀ 国际标准轮滑城
◀ 运动场
▶ 异国之恋
▶ 体育场
▶ "三圣女"雕塑

(六) 道路布局

全园道路分为规划一级路和规划二级路两类，规划一级路连接主要的景区和景点，规划二级路辅助一级路完善公园的游览路线和道路系统。

(七) 历史文化与地方特色

秦皇岛市奥林匹克公园已经和秦皇岛的城市建设融为一体，成为秦皇岛城市的一部分，处处体现了秦皇岛独特的历史文化和地方特色。"海鸥"雕塑、乡土植物的应用、红色的建筑屋顶，无不展示着秦皇岛及北戴河特有的滨海特色。

(八) 植物风景

秦皇岛市奥林匹克公园植被丰富，共栽植212种。全园以北戴河乡土树种黑松为骨干树种，形成高大乔木、彩色树种、花灌绿篱、地被植物、草坪立体式栽植层次，既突出了北方园林的豁达，又兼具南方园林的优雅。浮雕墙前利用地形和植物划分4个景区，即春园、夏园、秋园、冬园。各园分设当季开花或有观赏特色的植物，表现季节变幻，丰富园区的空间变化。春园：以白皮松为背景，以榆叶梅、碧桃、西府海棠、紫玉兰、白玉兰为依托，增加春天的气息；夏园：以常绿树华山松为背景，以合欢、黄刺玫、紫薇、紫叶矮樱、'金娃娃'萱草为主，秀木荫茂，清幽无比；秋园：栽植柿树、银杏、红栌、黄栌、金枝国槐、枫树，充分展现秋季迷人感觉。冬园，以北戴河黑松为骨干树，配以红瑞木、金枝国槐，力求冬季颜色对比分明。各园区四季分明，步移景异，各有洞天，以空间变换实现时间的变换，极具新意。

◀ "萨马兰奇"单体雕塑

◀ "足球"雕塑

▶ 公园道路系统规划图

▶ 景石

◀ 凉亭

◀ 北京门园林绿化

◀ 花团锦簇

▶ 全民健身

▶ 花样轮滑

▶ 2008年奥运会火炬传递秦皇岛站主火炬

三、工程技术措施

公园地处秦皇岛市北戴河区，土壤盐碱化较严重，在设计和施工过程中，充分利用地形、地下网络排盐碱（地下铺设繁密、数量巨大的排盐碱管道），地上沙沟排雨水。树坑换沙换土，保证解决地势低洼、地下水位高、不透水。排盐碱后先堆积沙，再覆种植土，然后栽植。大尺度地形的营造，不但解决了排水、排盐碱问题，而且起到了障景的作用。使园区更富于层次感，近观时红花碧草，远眺丛林隐约，通过曲折流畅的园路，把景区婉转分开，减少了平淡，增强了园区的神秘感。

四、游园活动

秦皇岛市奥林匹克公园近年来举办了一系列活动："历届全国轮滑比赛"、"2008奥运火炬传递"、"大型集体婚礼"、"太极表演"、"哈雷戴维森"等。特别是自2005年开始举办的各种公益性活动，更是深受广大市民的喜爱。

五、公园建设特色

奥林匹克公园规划设计合理，主题突出。"展奥运精神、现奥运历史、感奥运文化"，给人以新鲜、催人奋进的感受。地形处理柔顺自然，园路、湖岸放线准确、流畅。工程中采用借景、对景等造园手法，与周边环境相融合，小中见大，使之真正成为开放的城市空间，以特殊的符号、场景、实物使游人、城市、历史以及自然融为一体。植物配置兼顾了实用、美观和生态的要求，适地适树，展现着北方海滨地区的地域特色。通过工程技术手段有效改善了种植条件，共选用了212种苗木，富于季相变化，并设置了植物说明牌，使奥林匹克公园成为开展体育活动、休闲活动及普及园林知识的园地。但就地域性文化内涵方面有待进一步挖掘和体现。同时，奥林匹克公园还兼具应急避险功能。

◀ "飞翔"主雕效果图

▶ 浮雕墙夜景效果图

▶ 夜景鸟瞰效果图

▶ 树阵广场夜景效果图

58

◀ 园林小品——赛艇

▶ "平湖秋月"音乐喷泉

▶ "五环"远景

▶ 健身场地

▶ 百年海棠

◀ 浮雕

▼ 公园主广场

▶ 奥运冠军手足印纪念柱

▶ 奥运冠军手足印

▶ 赛艇

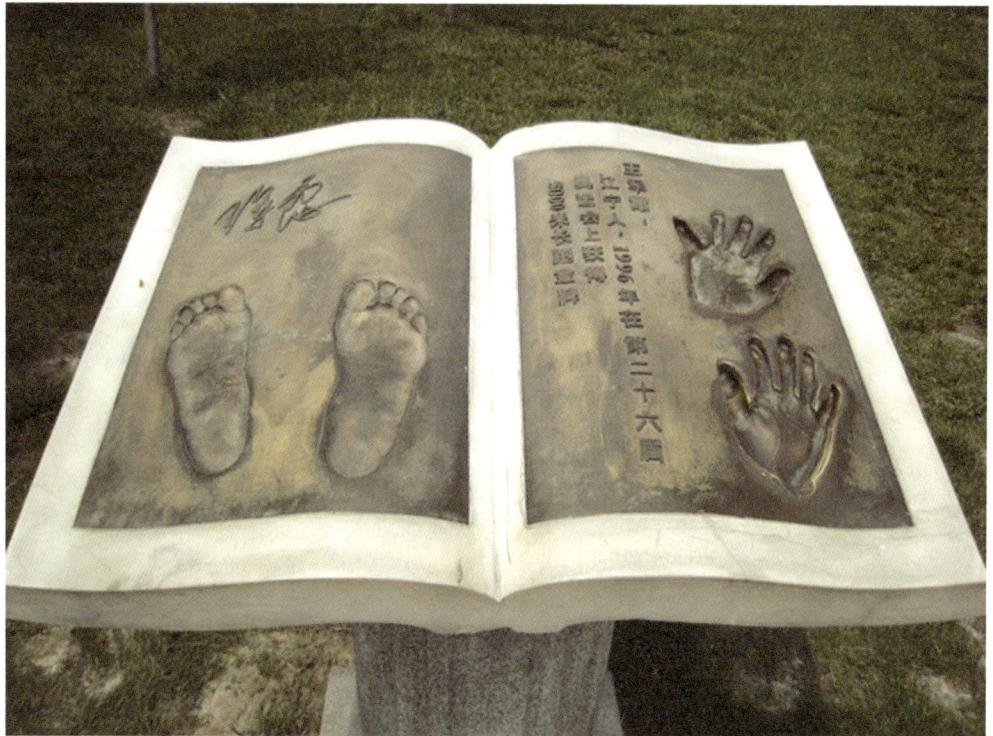

邯郸市丛台公园

邯郸市丛台公园

亡，新中国成立后丛台公园得到新生。1953年正式建成，发展至今公园已成为一个集古迹游览、花卉园林欣赏、动物科普展示、儿童游乐为一体的综合性公园。曾获得"国家重点公园"、"中国百家名园"、"河北风景园林经典园林奖"等多项荣誉称号。

公园建筑面积1.62万m^2，占全园面积的4%，绿地面积19.2万m^2，占全园面积的77%，道路面积2.04万m^2，占全园面积的8%，水面面积2.9万m^2，占全园面积的11%。园内游客服务中心、购物中心、医疗点等一系列服务设施健全。近几年公园进行了两次大规模改造，累计投入两千余万元，公园在节约型园林方面投资建设了中水回用设施，成功引进沁河水为园内湖面用水。

一、公园概况

丛台公园位于邯郸市城区中心地段，是一座以古赵文化遗址武灵丛台为中心开辟而成的公园，占地360亩，周围毗邻邯郸市政府、邯郸市博物馆、新世纪商业广场、丛台广场等，年接待游客130万人次。丛台公园始建于民国28年（1939年），当时面积43.5亩，定名为邯郸县丛台公园，当时已名存实

二、规划设计

(一) 设计原则

以古赵文化作为立意之本，把握"文脉"，挖掘历史，巧借成语，再现古赵文化，运用不同的设计手法，创造不同的景观，既有实际形象，又有丰富联想，虚实结合，烘托景区氛围，深刻意境，从而使景区出神入化、生动活跃。同时，以各景区的历史文化为纽带，景观既有变化而又统一在"赵文化"这一大主题的范畴中。

(二) 景区景点

公园规划为东门区、中心游览区、安静休息区、少年儿童游乐区、赵文化展示区、动物园区、南门服务区七大景区。在丛台据胜、二度梅、七贤祠等几大景点基础之上，新增渑池遗韵、燕醉春英、毂台秋爽、剑池新月、廉蔺遗风、绕廊荷香、祛服流霞等多处包含赵文化特色的景点。

丛台公园全园风格统一，充分利用古赵历史典故传说、风俗等人文资源，运用各种艺术手法，与造园有机结合，寓情于景，情景交融，写意入神地展现古赵的文化和历史风貌，并由主要游览路线贯穿各个景点，将历史景观一一呈现在游人面前。

丛台公园游园活动以文物古迹游览为主。公园内优美的园林景致和清新的空气也吸引了不少游客前来休闲游玩。早晨晨练人员众多，公园成为他们日常生活中不可分割的一部分。由于丛台公园内武灵丛台结构奇特、景色秀美、雄伟壮观，每年吸引了大量国内外游客组团前来观览。

主要建筑、雕塑有武灵丛台、七贤祠、望诸榭、二度梅、窃符救赵。

◀ 公园正门
◀ 丛台雄姿
▶ 公园改造平面效果图
▶ 武灵丛台

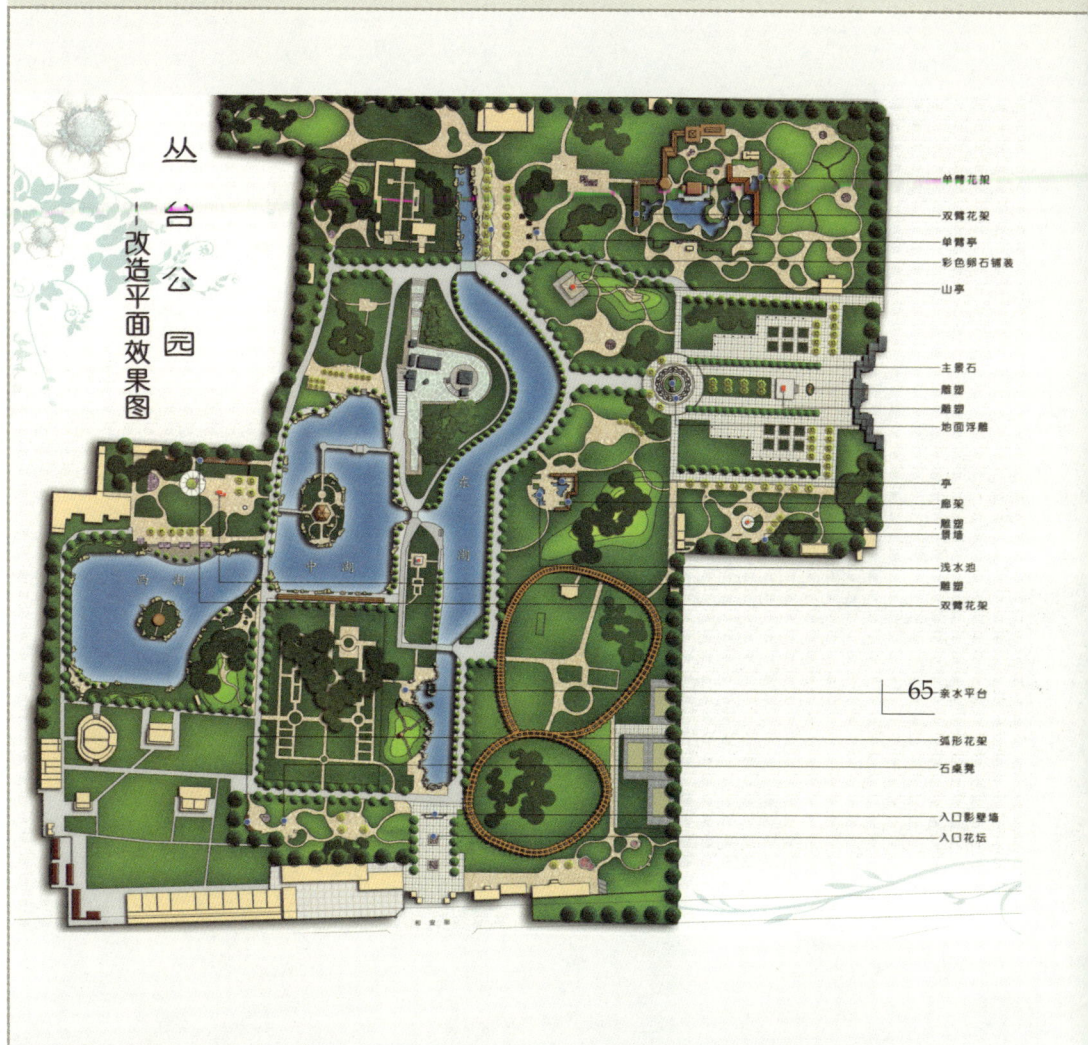

丛台公园——改造平面效果图

单臂花架
双臂花架
单臂亭
彩色卵石铺装
山亭
主景石
雕塑
雕塑
地雕浮雕
亭
雕塑
雕塑墙
浅水池
雕塑
双臂花架

65 亲水平台

弧形花架
石桌凳

入口影壁墙
入口花坛

　　武灵丛台是古城邯郸的象征，是公园内的主体建筑，省级重点文物保护单位。在漫长的岁月中，丛台虽多次改建重建，却仍不失当年的壮观和韵致。现存古丛台，为清代同治年间重修，是一个方圆3500多m²，高27m的三层青砖高台，其上现有武灵旧馆、洄澜亭、据胜亭、古槐、诸多历史名人碑刻。

　　七贤祠，占地面积524m²，正面为垂花门，上悬方毅题"七贤祠"匾额，是为纪念赵国的韩厥、程婴、公孙杵臼、蔺相如、廉颇、李牧和赵奢而建立的。为明朝万历年间"三忠"、"四贤"二祠合并而成。

▲ 洄澜亭、据胜亭

▶ 武灵旧馆

▶ 七贤祠

68

望诸榭，为六角攒尖式建筑，原名"望诸君祠"，是清朝雍正年间，为纪念战国时期著名军事家乐毅而建。乐毅本是赵国人，后来到燕国为将，晚年回到故乡，效力于赵国，赵王封他为"望诸君"。

二度梅塑像，是为纪念民间流传很广的"二度梅"故事中男女主人公梅良玉、陈杏元而建，塑像把对男女主人公含情脉脉、悲悲切切、生死离别、难舍难分的情境刻画得栩栩如生。

窃符救赵塑像是一个以成语典故"窃符救赵"为题的雕塑。魏安釐王二十年，秦将邯郸围困，魏惧秦不敢出兵救赵。情急之下，信陵君以国家利益为重，置生死于度外，借魏王宠妃如姬之手窃得兵符，夺取兵权，完成了救赵的使命，也巩固了魏的地位。

丛台公园布局上以丛台为全园构图中心，各景区均向心形成"众星拱月"之势，与丛台相呼应，延长游览线路，游览路线与各个景点相贯穿，扩大各景点的观赏效果，对游人产生较强烈的吸引力。

◀ 望诸榭
◀ 梅开二度
◀ 窃符救赵
▶ 景点布置平面图（一）
▶ 景区布置平面图（二）

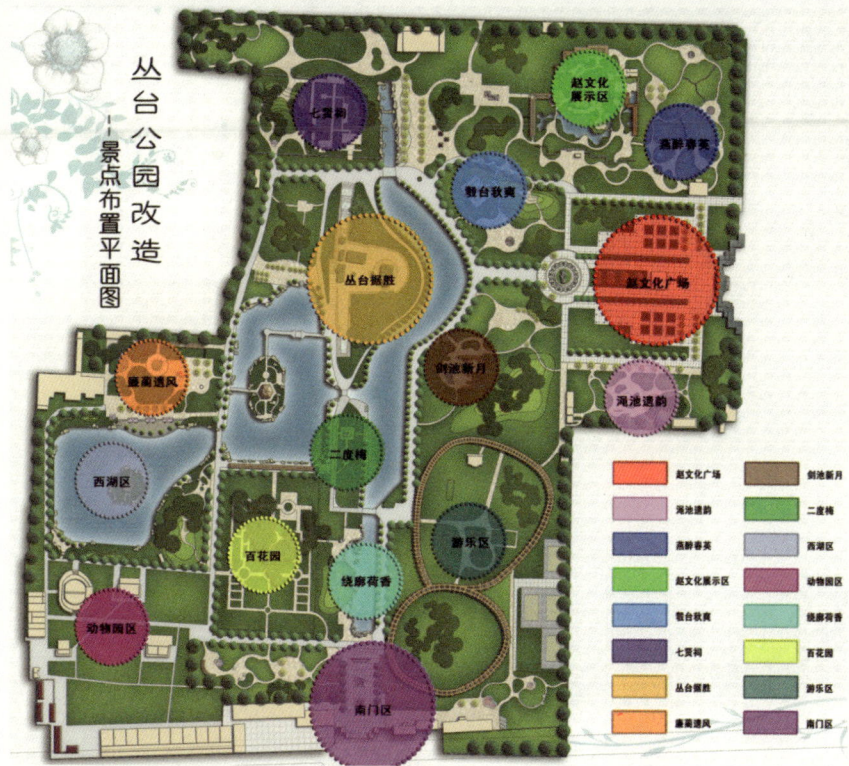

丛台公园改造
——景点布置平面图

图例：
赵文化广场 / 海池遗韵 / 燕脾春英 / 赵文化展示区 / 鳌台秋爽 / 七贤祠 / 丛台撷胜 / 廉蔺遗风
剑池新月 / 二度梅 / 西湖区 / 动物园区 / 绕廊荷香 / 百花园 / 游乐区 / 南门区

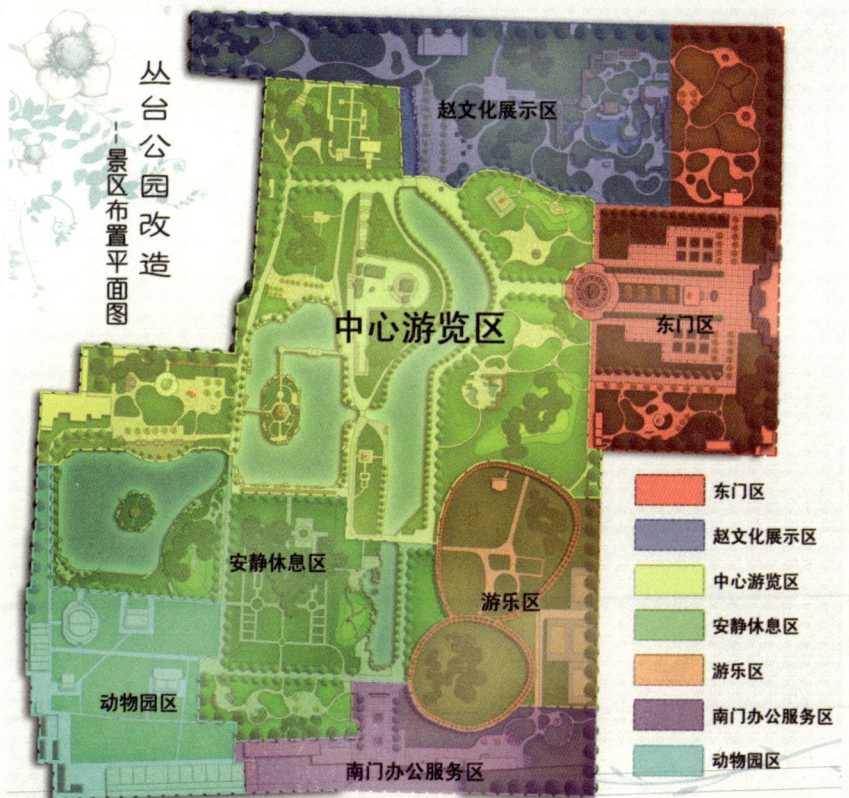

丛台公园改造
——景区布置平面图

图例：
东门区 / 赵文化展示区 / 中心游览区 / 安静休息区 / 游乐区 / 南门办公服务区 / 动物园区

（三）植物配置

　　植物配置以乔、灌、草结合，高低错落种植为主，形成多个具有强烈层次感的立体空间，并且在适地适树的原则下，打造多个独具特色园中园，现有月季园、牡丹园、盆景园、二度梅园、玉兰园、槐荫园等13个园中园，使游人在游览过程中能够欣赏到不同的景致。其次，在空旷草坪地块配以常绿模纹和种植花境，在公园多处小型广场配以花坛，均起到锦上添花之效。

1. 落叶乔木

　　龙爪槐、白玉兰、紫玉兰、紫叶李、法桐、紫薇、黑枣、旱柳、刺槐、银杏、毛白杨、柿树、臭椿、合欢、垂柳、五角枫、国槐、栾树、泡桐、白蜡、杜仲、千头椿、枫杨、核桃、三角枫、加杨、槭树、丝绵木、榆树、楝树、构树、枣树、车梁木、朴树、苹果树、水杉、黄檀、黄金槐、江南槐、龙须槐、杏树、梨树、荷花、梧桐、金丝柳、香花槐、黄栌、红栌、金枝国槐、红宝石、鹅掌楸、灯台树、辛夷。

2. 常绿乔木

　　油松、侧柏、雪松、大叶女贞、白皮松、蜀桧、龙柏、河南桧、千头柏、云杉、偃柏、广玉兰、大叶含笑。

3. 花灌木

　　牡丹、芍药、连翘、榆叶梅、毛桃、迎春、棣棠、丁香、樱花、石榴、红叶碧桃、剑麻、黄刺玫、桂花、西府海棠、贴梗海棠、月季、玫瑰、绣线菊、珍珠梅、南京红、垂丝碧桃、石楠、金银木、山楂、紫荆、红梅、绿梅、锦鸡儿、麻叶绣球、木槿、蜡梅、樱桃、枸杞、红瑞木、红王子锦带。

4. 常绿灌木

　　南天竹、小叶女贞、八角金盘、海桐、麻黄、金叶女贞、小叶黄杨、大叶黄杨、洒金柏、红叶小檗、枇杷、爬地柏、龙柏球、枸骨、大叶女贞。

5. **藤本**

　　紫藤、爬山虎、凌霄、常春藤、小叶扶芳藤。

6. **竹类**

　　刚竹、早园竹、淡竹、紫竹、金镶玉竹、翠竹、倭竹。

7. **古树名木**

　　国槐（001）位于动物区鹿圈前，树龄200多年，高15m，干径130cm；

　　国槐（002）位于丛台上，树龄400多年，高11m，干径110cm。

(四）特色及优势

1. 古赵遗风浓郁，历史文化源远流长

    作为古城邯郸的象征，公园主景点"武灵丛台"历史悠久，距今已两千多年，自古以其建筑结构奇特，雄伟壮观名扬天下，堪称中国亭台建筑的杰作。古之丛台，连据非一，多台连绵不绝，现虽只剩一台，在青松翠柏、悠悠古槐映衬下，其壮观之势仍会使人遥想到当年赵武灵王的卓越之功。

◀ 丛台雪景
◀ 郭沫若刻碑
▲ 赵武灵丛台遗址碑
▶ 何弘敬墓志铭
▶ 何弘敬墓志铭碑阳

在漫漫历史长河中，发生在丛台背后的故事也是数不胜数，丛台除赵武灵王用做观赏歌舞、检阅军队外，第一个统一中国的帝王秦始皇就诞生于丛台之下，西汉末年刘秀打败在邯郸称帝的王郎，与将军子武登丛台饮酒续盟，并于第二年建东汉王朝，所以后人常说，他是在丛台上奠定了东汉基业。于佑任先生正是据此史实，将丛台喻为"风云际会"之地，留下了"由来慷慨悲歌地，莫负风云际会身"的名联。在民间流传很广的"梅开二度"典故就发生在丛台，男女主人公就是在丛台上挥泪话别，现丛台高处据胜亭拱门门楣上仍用南宫体写着八个大字"夫妻南北，兄妹沾襟"留作纪念。不仅如此，丛台从古至今也吸引了不少文人墨客甚至帝王将相登台赋咏，现保留名人碑刻多块，尤以清帝乾隆（1750年题诗）与历史学家郭沫若先生题诗（1961年题诗）碑刻最为著名，两碑一书一和，书法绝美，诗句文采飞扬赞古誉今。这些淡淡墨香使丛台在古朴之中透着文化的芳香。

2002年中国和斯洛伐克联合发行了"亭台与城堡"特种邮票一套两枚，其中我国选取的亭台就是邯郸的"武灵丛台"，两国还在丛台西侧修建了邮票发行纪念碑，斯洛伐克驻华大使鲁道夫亲自来园为纪念碑揭幕剪彩，邮票的发行使丛台也成为了国家的名片，走向了世界。

丛台北侧为七贤祠与邯郸碑林，两景点组合成院落式建筑群，东侧七贤祠为明万历年间"三忠祠"与"四贤祠"合并而成。陈凯歌导演的《赵氏孤儿》电影，其中韩厥、程婴、公孙杵臼三位人物的塑像就在此供立。除此之外，为赵国做出过卓著功勋的蔺相如、廉颇、李牧、赵奢四位忠臣良将与上面三位贤人一起，世代受到人们敬仰和膜拜。

西侧邯郸碑林藏碑四十四块，其中尤以唐代何弘敬墓志铭最为珍贵，是迄今为止全国出土最大墓志铭，1993年被国家文物鉴定小组鉴定为最大、最早、最精美、最完整的墓志铭，为国家一级甲等文物。邯郸碑林不仅可以为专家学者研究

▲ 丛台远眺

▲ 林荫小憩

▶ 绚烂菊花桃

历史提供有价值的参考资料，而且还可以让人们领略不同历史时期的书法艺术的风采。

以上景点为丛台公园游览观光重中之重，是丛台公园作为一个历史文化古迹公园的精髓所在。

2. 秉承古典园林造园手法，园林景观如诗如画

丛台公园古典造园手法均能在此寻觅踪迹，亭、台、楼、阁、榭、廊、桥、山水、植物等各园林设计元素一应俱全，遵循古典造园理念，勾勒出一幅幅精美图画。公园总体以"武灵丛台"景点为中心，景区布局呈辐射状分布，形成众星拱月之势，现建各具特色园中园13个，其中有国色天香、雍容华贵的牡丹园，婉约、缠绵的二度梅园，花海荡漾、热烈奔放的月季园，无声之诗、流动之画的盆景园等一些精品园中园。身入其中，曲径通幽，步移景异，常使人流连忘返。丛台湖面又是园内一大景致，湖面面积近40多亩，环绕丛台，蜿蜒曲折，灵动秀美。湖岸驳石，嶙峋突兀，配以长廊、假山、曲桥垂柳，泛舟湖上，惬意舒畅。公园1953年建成开放，现园内参天树木数不胜数，绿荫如盖，古树名木随处可见，一排排郁郁葱葱的大树与天空形成的天际线煞是壮观，也是公园内一道独特的风景线。近几年公园在良好的古典园林景观布局上对落后的基础设施进行了整体改造升级，累计投入近两千万元，实现三湖和全园道路改造，标识、标牌、座凳、垃圾桶及经营用售货亭统一进行独具特色的设计与制作，与周围景观协调一致，达到古朴典雅的效果。

3. 独具特色"四定"管护模式，精心打造一流服务接待团队

一个公园良好的园容园貌和优质服务离不开科学规范的管理体系，公园各项管理制度的精髓是"四定"管理模式，即"定人员、定岗位、定标准、定职责"。各项规章制度也是以此来构建和不断完善。从公园主任到一线职工，都制定了明确的岗位职责和详细的工作标准，根据工作实际划定岗位人数，每月由专门考核小组对全园干

部职工进行不少于3次的考核，并打分公示，兑现奖惩，真正使公园每一位员工做到各司其职、各负其责、落到实处，从而为公园各项工作良好开展提供了保障。自"四定"管护模式实行以来，公园管理服务水平有了显著提升。

公园做为一个公共服务性单位，服务接待人员的素质和形象直接关系到公园整体服务质量。全园抽调形象秀美、素质高的员工40余人组成专业服务团队，每年聘请国内知名专家进行培训学习，服务水平不断提高，各种讲解设备一应俱全。讲解人员统一着装，业务技能扎实。自建园以来，先后有周恩来、郭沫若、万里、李瑞环、刘云山、彭佩云、吴邦国、尉建行、姜春云、李铁映、薄熙来、郑万通等40多位党和国家领导人来园参观登台怀古。著名书画家范增来园后也欣然题诗留念。公园还承担过国际太极盛会和世界第五届马氏垦亲大会等大型活动，多次受到上级领导好评；公园多次承办举办菊花展、郁金香展、月季展和盆景展等活动，丰富市民群众文化生活。公园2010年共接待630余个团体，其中中央团体47个，省级团体245个，市级团体338个，共计8900人次。

（五）丛台公园的历史文化

两千多年来，闻名遐迩的武灵丛台，曾招来历代政客显贵，文人骚客，登台怀古，题诗赋咏，言志抒怀。有确切记载的就有五十多首，现将武灵丛台上尚存的一些碑刻介绍给读者，这些诗、词、赋，抒发了作者的情怀，描写了丛台的沧桑，也记载了邯郸的兴衰枯荣。

现在的丛台占地3500m²，高27m，分上中下三层。下层南北各开一门，南门前有明万历二十一年（1593年）立的《赵武灵丛台遗址》碑。碑阳镌有"赵武灵丛台遗址"七个楷书大字，上款为"直隶广平府邯郸县知县楚人邓云台"，下款为"万历癸已岁孟秋之吉主簿永宁王所重同勒"。碑阴字迹风化，模糊不清，无法辨认。此碑原在七贤祠旧址西侧，后移址至丛台南门东墙下，紧临丛台墙基。1966年碑被推倒，平放在园中中湖东北岸。1989年重立此碑时，碑座鳌趺已断头烂额，不能复用，故又重新制作鳌趺以为碑座，供游人观赏、寻味。

进南门，沿台阶拾阶而上，迎面一碑赫然耸立。上面镌刻着中国现代杰出作家、诗人、历史及考古学家郭沫若于1961年9月19日视察邯郸时登丛台所写的七律：

> 邯郸市内赵丛台，秋日登临曙色开。
> 照黛妆楼遗废迹，射骑胡服思雄才。
> 太行阵地漳河外，烈士陵园滏水隈。
> 现代经营基础厚，武安铁矿峰峰煤。

此诗有景有情，有典有实，概括了邯郸的古往今来，气势雄浑，堪称力作。碑阴有四个苍劲有力的大字："武灵丛台"，为近代冀南书法名人李鹤亭所书。

在丛台的北门内与郭沫若碑对峙的是清乾隆皇帝1750年秋南巡时，途经邯郸登丛台时留下的御笔诗二首的碑刻。

碑的正面镌刻着七律《登丛台》

传闻好事说丛台，胜日登临霁景开。

丰岁人民多喜色，高楼赋咏谢雄才。

襟漳带沁真佳矣，雪洞天桥安在哉。

烟树迷茫闾井富，为筹元气善滋培。

碑阴面为七古《邯郸行》

初过邯郸城，因作邯郸行，邯郸古来佳丽地，征歌选舞抽银筝。邯郸城中富蚕作，蚕月条桑绿荫弱。罗敷不顾五马回，倭堕畏风春帔薄。邯郸复多游侠子，鸣镝离弓双兔死。归来意气犹未已，击鞠呼卢侍罗绮。美酒十千醉不辞，炰鳖脍鲤鲜鲤。于今城市尚依然，村民但知勤种田。丛台下，渭桥边，豪华瞥眼二千年，返朴还淳此或贤。

丛台二层的西侧，立有《丛台集序》碑，是黄埔军校总参议、教官何遂1922年任陆军第十五混成旅参谋长（军阀曹锟的卫队旅）驻邯期间，丛台修葺竣工时为之撰文。文中记述了丛台历史之悠久，名之来源与位置，修建概况及台上之景点。两块碑并为一体，文字千字。

◀ 百花园
◀ 樱花怒绽
◀ 节日东门广场
▶ 央视中华长歌行
▶ 范增诗题小品
▶ 邯郸碑林

碑文为：囊游欧美，於罗马见二千余年之古城遗址，一砖一石，灿然备列，社会、个人、所以爱惜之者，无不至美。为新建之邦，亦盛饰历史遗物，以为国光，他国称是。盖所以资凭吊，助美育，俾目击者如游心于历史中，与往古社会相触接，意至美也。吾族有史垂四千年，古物之存在，钟鼎彝器、金石文定外，建筑之物率为古圣贤帝王陵墓，宫室之伦，则以代有兵燹，存者寥寥。其历年之久，可与孔子故居并峙者，则邯郸之丛台。台之名，始见於《汉书》。颜师古注曰："以其连聚非一，故名。盖六王时赵王之故台也。《名胜志》谓为赵武灵王所筑云。今台在城东北隅，为明嘉靖间兵备副使杨彝重加修缮，建有"据胜亭"。清高宗南巡，曾留题刻石其上。同治间，邑令英棨，候国钧续为建筑，存至今日。壬戌秋，予驻军兹土，军书余暇，辄与二、三袍泽联袂登临。气爽天高，云蒸霞起。紫山西峙，滏河北回。树色黏天，薄云遍野。牛羊归牧，樵歌互答。感人事之不常，喜斯台之宛在。唯是丹漆蚀于风雨，名区委诸草莱。时统军孙公禹行驻邯郸，胡公立生驻邢台，岳公西峰驻洹上。爰相与集赀，属邑绅王君文山董其事。就台次旧神祠。改建武灵旧馆，于其侧新筑三楹，名曰如意轩，以《汉书》称赵王营丛台。赵王者，高帝子如意也。轩之上为台，以小桥通于其上。台四周与城堞间有仄径，曲折通内外。因就其上为棚，遍植藤葡瓜豆之属。复就台旁积石为洞，建屋其次。而古籍相传有天桥、雪洞、妆台、翠被诸胜者，依稀近之。台西下旧有明太保张国彦废园十余亩，圈归台址。其地有湖，备水道通城壕，岁久湮废，今俱为修凿如故。湖中有岛，因旧有望诸君祠，爰建望诸榭于其上。邑有三忠祠

及四贤祠，祠奉韩厥、程婴、公孙杵臼、廉颇、李牧、赵奢、蔺相如，今俱废。湖之西北隅得隙地，因合建为七贤祠。仍附以开国以来诸先烈，存旧迹，式先贤，资观感也。湖之四周筑路、筑堤二，从西北向，又东向，南转通望诸榭。于其交会之处设宛在亭。延长西侧，北绕赵武灵王丛台故址碑，复折而西，过明张太保旧坊，直达通衢。而计划略备，并拟刻古贤今人诗赋于其上，以为文饰。辄复寻讨志乘，集旧作之涉于丛台者，上自曹魏，下迄胜清，得文赋十首，诗词五十余首，益以掌故十余则，编为专集，颁诸海内。博雅君子，幸广其意，发为诗文书画，俾存之名区，勒诸贞石，与斯台同其不朽。则所以存古物、扬国光、助美育、资登临，凭吊者其为得不已多欤？是为序。

在丛台的上层"据胜亭"台壁周围镶嵌着七方碑碣，有明代监察御史张成仁的七律《登丛台》，清末进士王琴堂的梅花石刻，举人李世昌的画兰等，这些碑碣及其诗词、绘画和镌刻都颇具独特风格。

◀ 绕廊荷香

▶ 鱼戏

▶ 园林园

▲ 春歌亭

◀ 盆景园

▲ 金秋

▶ 丛台

邯郸市赵苑公园

邯郸市赵苑公园

一、公园概况

赵苑公园位于邯郸市西北部，为古赵邯郸故城西北区重要的文物遗址区。园内至今仍保存有插箭岭、铸箭炉、皇姑庵、汉墓、梳妆台、照眉池等古遗址，是展示赵文化的重要载体。赵苑公园正是依托这些古遗址通过园林造景手法，营造赵文化氛围，展示古赵文化的独特魅力，可谓一处以赵文化为核心、融历史文化、生态环境和园林景观于一体的综合性公园。赵苑公园总占地面积77.3hm²，是邯郸市至今最大的公园。

二、规划设计

历史文化遗迹和遗存使赵苑公园具有了文化底蕴和厚重感，在规划和建设中，把这些当成彰显城市特色和魅力的宝贵资源加以充分的保护、利用。在设计和建设过程中，按照邯郸市"赵都＋绿网、文化＋绿化"的城市定位，秉承"人与天调、茹古涵今"的设计理念。全苑共分十个景区：北门景区、典故苑景区、镜池照眉景区、百花弄涧景区、芦蒲经纶景区、骑射嘶风景区、茅沼消夏景区、林樾宿芳景区、九宫听香景区和妆台梳云景区。旨在通过科学合理的规划，精心施工建设和多种形式的造园手法，充分挖掘、整合、展示园林美景和赵文化内涵，使历史文化与生态环境、人工景观与自然风貌融为一体，具有较高的艺术价值，达到了历史与现代、文化与自然的统一，体现了中国传统园林的造园艺术。在建筑式样、风格和品位上，突出战汉时代的特征，在赵国、赵地、赵人、赵苑的"赵"字上做足文章。

公园在规划设计和建设过程中，得到中国工程院院士孟兆祯先生指导。

（一）定位、定性与问名、立意

此园在城市绿地系统中属于公共绿地的类型，而且应该是邯郸市市中心公园。症结点在于用地内有较多的历史文化遗址，是作为古代的苑来定性，或是作为具有古文化遗址的现代公园呢？经过综合分析，尽管此地有北城的部分土城的遗址和梳妆台，插箭岭的遗址比较确切，而铸箭炉、照眉池位置并不是很确切。加以遗址上除梳妆台有点卵石散水的痕迹外，几无所存。还有些历史情况不清楚，如丛台西界何处？丛台中的妆台是否就是这里的妆台等，尚很难定。因此作为古代苑来复原缺乏科学和艺术的历史依据，而作为有历史文物古迹的现代公园是现实的。如同北京陶然亭公园、上

▲ 公园总平面图

海新建的古城公园一样。后者并没有恢复明代古城墙，只是象征性地做了一点叠雉墙和吊桥，而且是完全用现代建筑处理的。园之名称宜反映园的性质。古并无赵苑的名称，现代当然也可以新名赵苑。总觉未尽人意，诚如在邯郸专家座谈会上有些专家的意见是以古景名称今园。公园立意："人与天调，茹古涵今。"就是在人与自然相协调方面，将古代文化和现代文化结合在一起，交相生辉。创造具有中国特色、密切结合现代社会生活的需要并具有邯郸地方风格的城市公园。

（二）布局

1. 塑造自然山水园的间架

用地由丘陵、台地高矗，也有低洼地带下沉，具有山水园的地形基础。造山理水的目的在于为多样化植物的不同生态环境条件要求创造干、湿、阴、阳、向、背的、各得其所的地形地貌。落实生物多样化首先要创造多样化的环境，同时籍以划分和组织空间，构成山环水抱的自然空间和气氛。主要内容是回坡还谷，将自然冲蚀的破碎地形按自然地形的规律回归原貌。并在此基础上创造人工微地形变化，组织地面排水和空间性格的变化。一切景物均从地面上产生，有了优美的山水地形，建筑籍以发挥"因山构室，其趣恒佳"之妙。植物种植得以有高下变化，园路也随应地形而迥转。

按"独立端严，次相辅弼"的主次、先后顺序，先把梳

妆台的形胜树立起来。其位置居中而偏东，有高下变化而欠突出。采用"据峰为台"的作法，按古代当时"明台高堂"之制，在山顶上立起高约九米的包石填土台。台按照考古成果公布的南楼北楼的台位置和尺度定位地盘。将原南、北两楼三台提炼为一个南楼北台，以石栏和墙作范围。梳妆台既起，四周山形按脉而下，以陡坡与台衔接，取负阴抱阳之势向照眉池再拉为缓坡草地，低平入水，以造就照眉平台伸出水面之势。

主山端严已形成，插箭岭和北面的小山就呈客山之势向主山奔趋。在利用自然地形的基础上稍加改造便可奏效。梳妆台还要籍水势而显赫。将宽阔的照眉池置于台之南向，兼用主景升高和主景前留空的手法使台地更突出。从水势而言，取两水夹山之势，环山皆以水为带。既有"聚则辽阔"的照眉池，又有"散则潆洄"的胭脂溪，使兼得阔远、深远、迷远的水景三远变化。

再生水自西北来。考虑到公园北面道路已成而西边道路尚未建成，引水自西面偏北入园。这里自然地形与照眉池水位有约10m之差可以利用。使水景"动静交呈"。水源以涌泉出水，据地形作成谷，由深而浅，跌宕而下，自然山石掇成溪岸，沼生植物散布石间。自梳妆台西北即成照眉池水面，照眉台西有照眉矶平伸岸边。

临照眉池南面的草地向池倾斜，从东西两面合抱水池，

这对主景梳妆台也是前呼后拥的陪衬。原东北水面衔接后用闸桥控制。

北门对景改假山为树坛。以土山中隔，向南北两面迴抱，山上植树群，乔、灌、草一体。茅沼消夏以钢筋混凝塑山为更衣室，更衣室北接土山，逶迤而下。

2. 园林建筑布置结合创建赵苑八景

(1) 妆台梳云

塑造阴柔之美，表现邯郸的妇嬬文化，带有脂粉气。张昱《美女篇》诗咏："燕赵有美女，红莲映绿荷，佩环雕夜玉，团扇画春罗，流盼星光动，曳裾云气多，回车南陌上，谁不住鸣珂。"由此可见一斑。

台上根据考古资料的位置和面阔设梳妆楼。由台之北偏东"红妆门"进入妆台，台之东西亦有山路南下照眉池。梳妆楼东出廊与"黛眉馆"相连，北出平行的东西廊与北边廊衔接。黛眉馆正对红妆门。红妆门东接廊南折居东面西而为"霞标吟红榭"。西接廊南转居西面东而安"晓丹晚翠轩"。轩接廊东出又与梳妆楼相连。台东南秀出"梳云亭"。整个建筑组主次分明，大小相济，高低相承，廊墙凑合，高台明堂，《古今图书集成.考工曲.宫殿郭》说："可知图说曰于室之四阿皆为重屋。郑锷曰其屋则重檐，以深密故因此名之焉。凡上代之制大抵学者相传皆谓之明堂"。台上散点四卷山石，各镌"闭花"、"羞月"、"沉鱼"、

"落雁"，以物我交融的中国传统理念渲染古代邯郸美女的写意境界。台外石内土，台上种植松柏和花灌木。梳妆台为登眺市容和园景的所在，兼备得景与成景。

梳妆楼实用功能为展示古代邯郸宫女在梳洗、妆扮和服饰方面的文化成果并作为现代美发、美容和服饰设计研究中心。游人可以参与活动，并作服装模特表演。余为服务兼游息性建筑。建筑用现代材料，屋盖木构。在形制、比例、尺度、色彩、质感方面吸取古赵园建筑的某些因素。四阿顶收山，大斗拱大出檐，土墙黛瓦。但并非夯土墙，只是新材料给人以夯土墙色。

妆台下照眉池设二妆坊东西对称作为水平台背景。元代无名氏《峰案齐眉》第一折有"懒设设梳云掠月，意迟迟傅粉施朱"句，故东石妆坊南额题"梳云"，北额题"掠月"。西石妆坊南额题"傅粉"，北额题"施朱"。"妆台梳云"的景名亦由此来。东西二妆坊间为照壁，前引曲尺形平台伸出水面，作低石栏，平台西侧有照眉矶与之呼应。

(2) 骑射嘶风

与妆台梳西相对应，展示阳刚之美，带有威武盖世的甲胄气氛。主路引可见转折处的骑射坊，正面额题"啸风"，背面额题"吒云"。观武台高踞台上，为上轩下室式重屋，坐南面北，有迭落廊引下。下层展示胡裤骑射的碑刻，以文辅图。按王问肥仪、制冠惠文、上褶下 、贝带、双履革华靴跨、大招小

腰、白虎纹剑、所向披靡、兴国强邦的顺序展开。观武台北两边有引向演武场的东、西照壁墙。东镌"胡服骑射"、"定国安邦";西刻"战马嘶风"、"铜箭啸云";观武台额"万乘强国"。二壁导向演武场。场上古兵器陈列,洗土石(即上马石)稳安,绿毯衬靶的,弓弦啸箭。西设马厩和试马驰道封闭性的距马场,中心部位有"绿野马蹄香"的服务店供应餐饮。胡服骑射不仅是宣武,更在赵武灵王锐意改革的思想,他说,"夫服者所以便用也。礼者所以便事也。是以圣人观其乡而顺宜,因其事而制礼,所以利其民而厚其国也。故礼世不必一道,便国不必法古。"

(3) 银发松寮

南门东侧土阜环抱、松柏交翠之处设专为老年游人晨练、弈棋、遛鸟、度曲、卵石脚疗、室内品茗和阅览之所。主建筑银发松寮东西出廊,西厢有天寿亭和松鹤斋。室外有草地门球场和石桌石椅。松柏荫翳,鸟语花香。

(4) 童心花圃

南门西侧,山前坪地,树木围合,林缘花境。以自然式小路划分儿童游戏场游戏器械和场

◀ 公园鸟瞰图

▶ 黄昏下的九宫城

▶ 北门广场

▼ 典故苑湖心亭

地散布其间。器械下面人造软塑铺地。北端有集中的阅览和服务设施。中心部位设花架供成年人带儿童休息。

(5) 茅沼消夏

池岸自然流畅，岛、堤相拥。既有足够的直线距离，又可穿堤、登岛。池北有茅坡土风廊供休息和观赏。沿廊衍生出单栋茅亭则供钟点租用。廊东头设香茅酒吧提供冷餐、冷热饮服务。更衣室外罩黄石塑山。石山北连土山。高林巨树边缘繁花蔚放。更衣池东出为消毒池、儿童池和成人池。池南设救生瞭望塔，土风廊北有医务室。现代生活与现代文明与古文化交相辉映。

(6) 林樾宿芳

记载中的丛台有果园之说。本园插箭岭西北一带，地势平缓，稍加微地形起伏的变化便成为低阜、缓坡、浅谷、平坪的地形基础。按照地带性植物群落分布的特性种植植物。商周时期河北省山地与平原密布原始森林、低湿洼地和沼泽、湖泊。湿地周围分布着喜湿的乔灌木和草本。战国末期只剩下天然次生林。太行山前的平原常绿针叶树以油松、侧柏、桧柏、云杉、冷杉等为主，阔叶树以银杏、槐、桑、栎、榆为主。河北核桃、栗树、枣树、柿树、枸杞、山楂等水果和干果。以乔木为骨架，灌木为林缘和林下种植，再运用宿根花卉在林缘路边作四时演替的花境种植。在林樾浓荫中透赏蔚花，这便是"林樾宿芳"的总体构想。自北而南可片带结合划分为榛栗罅发（榛栗峪）、丹柿红云（丹柿坡）、红实皓齿（石榴坪）等干果与专类植物、宿根花卉结为一体的散步休息区。游人可参与采果、鲜花馔等领赏自然的活动。每小区都有相应的服务性建筑和设施。其间园路、铺地也以花果为装饰拼花块料的题材。适当布置因境生情的合宜小品。如银杏树下公孙羿等。

(7) 百花弄涧

"未必丝与竹，山水有清音"，土山戴石的山谷不仅成为山水清音的共鸣箱，而且石间湿地是喜湿的乔灌木和湿生、沼生花卉生长和繁衍的温床。直矗如剑的菖蒲、水葱，箭叶舒张的慈菇，花如飞蝶的鸢尾、浮叶生金的荇菜以及与流水相依的西洋菜，可以欣赏百花弄涧的山水清音。水得地而流，地得水而柔。山石为岸为砥，扩岸出水，加以百花掩映，为人们的游息活动凭添了兴致，也为百花生息创造了永续发展的环境条件。

(8) 陶心嗟艺

制陶艺术是邯郸自古至今的地方特色文化。现代社会生活中不少人对参与制陶有十分浓厚的兴趣。从精选陶泥、揉泥、制坯、整形到着色、烧窑。陶艺品出窑，人们便领赏到陶艺的成果。利用公园的水面，建与园相称的建筑组，以状驼迎宾开始，历经陶艺精品馆和陶艺作坊等可以尽情欣赏和参与陶艺行为。籍陶艺之陶亦陶冶之陶，取景区名为"陶心嗟艺"。因水为石舫以供应香茗和陶茶具。人赏陶艺犹如信航于陶海，故茶舫为"陶航"。

(三) 公园功能分区

(1) 历史文物遗址保护区。包括汉墓群及铸箭炉等。本区内不准兴建建筑物和构筑物，可以种植植物开放游览。

(2) 历史名迹开放区。包括梳妆台、照眉池、插箭岭。在遗址上重建或新建景点，对游人开放游览。

(3) 文化休息游览区

老年人文化休息区——银发松寮

儿童活动区

儿童游戏场——童心花圃

少年儿童艺术宫

青少年文化休息活动区

茅沼消夏（设儿童游泳池）、箭靶场、跑马驰道、斗鸡场等

陶心嗟艺（陶制品作坊、展厅）

(4) 表演区——照眉台、大草坪

(5) 安静休息区——林樾宿芳

(6) 公园管理区

(7) 门区：南门为主，北门和南门西侧设管理人员专用出入口，西门为次入口。

三、景区景点

(一) 北门景区

包括赵苑公园的北大门、内外广场、内广场喷泉及北门区主题雕塑。北大门门阙建筑是一组仿秦汉风格的建筑群，两侧是门阙，中间是以汉白玉雕刻的当年名扬列国的赵国名宝"和氏璧"雕塑。北门区内外广场地势开阔，内广场上有喷泉、主题雕塑等园林景观，整个北门景区建造庄重典雅、气势恢宏，也是整个景区中游客较为集中的区域。

(二) 成语典故苑

成语典故苑位于赵苑公园东北部，占地150余亩，建成于1997年，因其特有的赵文化与成语典故文化特色，受到社会各界人士的广泛关注和赞誉，1999年被列为河北省爱国主义教育基地。邯郸是我国著名的"成语典故之都"，历史上与邯

郸有关的成语典故多达1600余条，邯郸成语典故作为中国成语典故文化的主力军，也是邯郸十大文化脉系中一颗璀璨的明珠，作为一种凝练的高品位文化，邯郸成语典故有着深厚的文化内涵。成语典故苑精心选择其中内涵深厚，具有较强代表性，至今仍然在广泛使用的成语典故，以竹简、雕塑、浮雕、碑刻等多元化的艺术手法来表现，以抽象和写实相融合的形式来加以展示。中国著名书法家启功、沈鹏、黄琦的书法、著名艺术家的雕塑小品汇集其中，具有较高的艺术品位。景区体现出北方园林特色，苑内曲径通幽，花木繁茂，湖光潋滟，长廊沿湖而建，水榭坐北朝南，彰显出了历史文化的深厚，既有怀古畅今之情，又有启迪教育今人之意。

(三) 铸箭炉遗址

位于成语典故苑区南侧的一座小山丘，也称为台地。台地是文物部门的正式名称，在民间也叫"铸箭炉"，又称"皇姑庵"。近代考古从中发现过箭头、半两钱等物。紧邻其北的就是有名的铸箭炉古遗址，过去每当大雨之后，经过雨水的冲刷，就会有箭头裸露出来。这些出土文物都表明这里曾是一个大型的冶炼铸造场所。

(四) 梳妆台遗址

分为南北两座，分别为"北梳妆台（楼）"，"南梳妆台（楼）"。相传，梳妆台为战国时期赵国的赵武灵王骑射之余带领宫女们休息宴乐、观赏歌舞的地方。登临其上，可眺望全园景色。史书中记载两座台（楼）在近年来修建之前，台上有许多战汉时期的瓦当、砖等遗物。

(五) 照眉池遗址

位于园区的东侧、梳妆台下。池内碧水荡漾。在这片状如弯月的照眉矶上是一组"镜池照眉"的雕塑，相传是当年赵王的宫女们在梳妆楼上梳洗完毕，迎着晨曦，来到池边画眉理妆之处。

照眉池从战国到汉唐，多见于诗词典籍记载，曾煊赫一时，名扬列国。唐代大诗人李白在照眉池旁曾写下了一首著名的诗："清虚一鉴湛天光，曾照邯郸宫女妆，回首丛台尽荆棘，翠娥无影乱寒塘"。诗中感叹虽然清亮如镜的照眉池水倒是仍如往昔，但不见了照眉的翠娥宫女。

(六) 插箭岭遗址

位于赵苑景区西部，为夯土筑成的带状土丘，呈现"鸟"形，自东北向西南曲折延伸。基部由东向西长170

米，转角向南长140m，又转角向西130m，再转角向西南长190m。基部全长630m，一般宽20～30m，面积约3900m²，实系赵邯郸故城大北城西垣墙体的一部分，原来上面有建筑。曾出土战汉时期的三棱铜簇和绳纹陶片。

（七）百花弄涧景区

位于赵苑景区西北部，利用西高东低的自然地势，采用邯郸市西污水处理厂的中水引灌入园，营造的"百花弄涧"水系景观，建有荷花池、观景桥，依地势营造的溪涧水景，两岸点放景石，水流喷涌而出后，与景石相碰撞，营造出了水花激荡、飞珠溅玉的效果。沿途曲折潆洄、层层跌宕而下，水中种植芦苇、荷花、鸢尾等水生植物，鱼虾悠游，水鸟翔集，使公园具有了江南园林的空灵秀美，为整个苑区增添了活力和生机。

（八）林樾宿芳景区

"林樾宿芳"景区位于景区西部，景区内除种植常绿树种外，大量种植了北方特色的核桃、栗树、枣树、柿树、枸杞、山楂等果树，可在不同季节开办采摘节，使游客在领略赵苑美景的同时，和朋友家人同享采摘的乐趣，该景区也成为一道亮丽的风景线。

（九）仿古建筑、雕塑、桥梁

赵苑在设计和建设中合理地利用了自然地势和文化遗址，达到了历史与现代、文化与自然的高度统一，体现了中国传统园林的造园艺术。门阙、亭台、雕塑、小品和建筑均系根据考古推测及文献记载的战汉时期建筑风格进行设计，建设中选材严谨，石、木凳材质的加工和仿古建筑的施工完全按照古建筑的传统施工程序和要求进行，具有较高的艺术价值。

南大门区是一组仿战汉风格建筑群，由门阙和一对辟邪祥兽组成，布局规整，规模宏大，气势威严。门阙高14.7m，形制为单檐双出式，斗拱采用光面青石安装，阙身采用黄色花岗岩砌贴而成，檐层外挑，平缓舒展，造型简洁，意境深远。整个门阙高贵典雅，彰显邯郸在战国和两汉时期的尊崇和鼎盛，蕴含了丰富的文化内涵和深厚的历史渊源。辟邪祥兽之"辟邪"为象征祥瑞之灵兽，形若虎狮、头生双角、下颚一束卷须，雄兽昂首阔步、口吼牙锐、振翼欲飞，雌兽俯身顿首、安抚幼子、神态安详。在突出体现古赵建筑风格的南门建筑群前帘，布"摄政以定，辟邪为律"的雌雄祥兽雕

91

◀ 一言九鼎
◀ 沁月桥
◀ 泛舟照眉池上
▲ 插箭岭
▲ 典故苑玉带桥

塑，蕴藏着邯郸人民除恶扬善、定国安邦、威震天下的气概。雕塑基座以青龙、白虎、朱雀、玄武定位，四块浮雕分别展示：西王母与群仙飘如星云、赋赵江山人杰地灵，洺河先人辛勤耕织、刨古赵大地文明，武灵王"胡服骑射"融牧卫赵、富国强兵，诸子百家礼乐荟才、放辩高论、文化盛宴。

赵苑公园西侧有一组木结构庭院式仿古建筑，由主体建筑群芳谱和一组花架组成，占地面积2230m²。群芳谱建筑造型优美，古朴典雅，周围遍植花木，松柏荫翳。群芳谱室内可用于品茗、展览书画等，门前厅廊可进行小型文艺演出。

照眉池边"画眉倩影"群雕，选用红色花岗岩雕琢而成，人物动作和神态鲜活传神，栩栩如生，生动地再现了赵邯郸丽人质朴典雅、端庄秀气、多才多艺的品质，同时也诠释了邯郸人民对真、善、美的不懈追求。通过唐代大诗人李白的诗句"清虚一鉴湛天光，曾照邯郸宫女妆"可以想象到在清澈见底的照眉池旁众多宫女丽人精心画眉梳妆，准备登上梳妆楼为赵王献歌献舞的情形。

赵苑公园内共有桥梁六座，桥梁造型各具特色，其中一号桥位于南北主轴线上，长61m、宽6m，栏板100块，桥名"怀素抱朴"，桥上最宽处28m，有花池、座凳等设施，可供游人休憩。水面种植芦苇，一派自然野趣。由于桥下常有成群的锦鲤悠游聚集，因此吸引了大量的游人饲喂，成为赵苑一景。

其余五座桥梁沿水系源头自西向东依次为鼓瑟桥、梳云桥、鸣镝桥、丽妆桥和沁月桥，五座桥梁选材、造型和建筑艺术迥异，但其命名、立意均展示赵文化内涵，桥栏板上的雕刻、纹饰精美，内容以展示赵文化中的乐舞、化妆、骑射为主，体现了赵文化中柔美与阳刚兼具的文化特色。

（十）文化景石

赵苑公园在建设过程中坚持精品意识，充

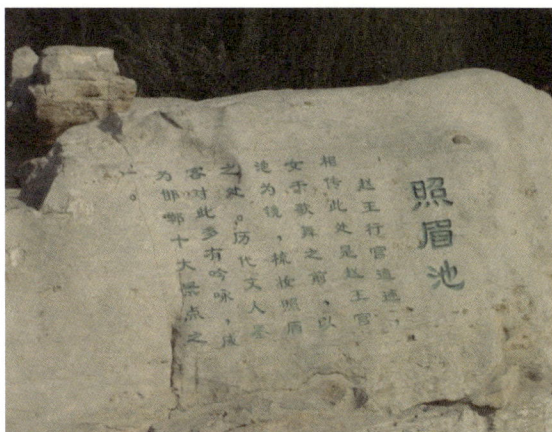

实赵文化内涵，围绕这一主题，精心规划实施赵文化特色园林景观，文化景石就是其中的亮点，现有各类文化景石50余块，分布在赵苑公园各主要景点和游园道路的两侧，高低错落、形态各异，这些文化景石充分利用现有赵苑公园成片的竹林及贯穿全苑的重要景观节点为基础，以突出文化主题为目标，采用历代名人吟咏邯郸尤其是赵苑美景的诗词曲赋，全部由我市著名书法家书写，真草隶篆，诸体俱备。采用竹、溪、石为主要造景元素，构建了一组能充分体现历史人文风貌和邯郸特色文化的园林景观，在形成的诗词构成的文化流线中，使游客徜徉之际、俯拾之间，得到知识积累与文化熏陶。

四、园林植物

赵苑植物资源丰富，现有绿地面积40多万m²，各类苗木158个品种25万余株，全园绿化覆盖率90%，在植物种类上，除种植大量的油松、白皮松、玉兰、银杏等名贵苗木外，还有大量种植槐树、杨树、垂柳等北方特色的乡土树种；既有合欢、紫薇、丁香、碧桃、迎春等赏花为主的树种，也有河北特产的核桃、栗树、枣树、柿树、枸杞、山楂等果树，以体现地域特点和地方特色，体现了植物的多样性。在植物配植上，进行了多层次的绿化美化，乔、灌、草相结合，再加上花卉和水生植物，起到了很好的园林景观效果，也为鸟类、昆虫类和水生动物提供了很好的栖息地，形成良好的生态环境。

五、水系

水系建设系采用邯郸市西污水处理厂的中水引灌入园，巧妙利用西高东低的自然地势，营造了"百花弄涧"和"镜池照眉"景区，入水口是"百花弄涧"景区，溪涧狭长，地势高低错落，两岸点放大块景石，水喷涌而出后，与景石相碰撞，营造出了水花激荡、飞珠溅玉的效果。沿途

◀ 丽妆桥

◀ 景石

▲ 南北梳妆楼景点介绍

▲ 照眉池景点介绍

▶ 百花弄涧

曲折萦回、层层跌宕而下，注入照眉池后，水面逐渐开阔深远，天光水色，相映生辉，水中大量种植芦苇、荷花、鸢尾等水生植物，鱼虾游泳，水鸟翔集，水得地而流、地得水而柔，使公园具有了江南园林的空灵秀美，再现了李白《照眉池》一诗中描写的"清虚一鉴湛天光、曾照邯郸宫女装"的景色。水系的水质可达到三级排放标准，既用于景观用水，同时也用于绿地的灌溉，有效节省了水资源，为整个园区增添了活力和生机。

六、景观照明

赵苑公园园区于2007年11月1日开始实施全园照明亮化工程。于2008年元旦以崭新的面貌与游人见面，为邯郸市夜景亮化工程增添了一道靓丽的风景线。赵苑公园亮化夜景照明烘托出战汉时期王宫苑林的气氛，在照明设计上充分尊重景观设计，巧妙地利用现代科技照明手段达到主体突出、层次分明、风格鲜明，依据赵文化战汉建筑风格的特点，结合赵文化设计出了有战汉文化符号的系列灯具，合理布置了灯具的位置，精心利用灯光的局部、主次、色彩、整体巧妙搭配使其相得益彰，与公园整体环境达到了统一。园内主要照明灯具的命名、立意、造型、色彩及细部装饰均结合赵苑的实际景观，围绕赵文化主体设计定制。通过从出土文物、史籍图献中提取赵文化符号，来展示文化内涵，力求古朴典雅、美观实用，达到功能性、艺术性、文化性的完美结合，使其成为历史文化园林的组成部分，体现浓郁的战汉风格和独特的赵文化特色。草坪灯则采用太阳能装置，在节省能源，建设生态园区，有利于公园的可持续发展方面做出了有益的尝试。

七、景观与古建筑保护

园区内，在历史不断发展和建设中，公园作为城市历史文化的载体，是城市记忆的一部分，能有效保护古人遗留下来的历史，就能延续城市的历史文脉，使公园的建设更具品位、更有内涵。本着开发与保护并重的原则，在赵苑公园建设过程中加强对景观生态环境、古迹的保护工作，制定了《古遗址区保护制度》，配备保护设施，年投入保护费用占全年费用的10%以上，主要用于古迹遗址的修缮及园林绿化，由于措施得力，全面保持了古迹遗址的真实性和完整性。

八、游园活动

(一) 完善各种设施功能, 满足居民需求

在完善公园各种基础设施建设的同时，增设便于周边市民娱乐建设的设施，例如：配合邯郸市体育局安装健身器材等。

(二) 打造精品节点, 丰富游园内容

通过增设精品景观节点，例如高品位的景观艺术品建设，精品景观雕塑建设等，提高景区的品味与档次，丰富游园内容。

◀ 荷花池
◀ 北大门夜景
▶ 园区简介牌
▶ 河北文化艺术节闭幕式
▶ 激情广场爱国歌曲大家唱

九、公园特色

（一）以公园为载体，展示城市历史文化

公园内几处遗址最早的形成于2300年前的战国时期，经过历史沿革，岁月的冲刷，依然保存完好，具有重要的保护价值。在保护历史文化遗址的同时，结合公园建设，展示邯郸市历史文化名城风貌。

文化展示形式或载体独特、建筑、庭院灯、指示牌、雕塑、景石石刻等公园各类设施具有邯郸特色的文化符号，承载起了更多的历史文化信息。文化元素融入赵苑的建设中，既全面展示现代之美，也着重体现醇厚古朴的历史文化，给历史文化营造出彰显风采的空间。

（二）精心规划，打造精品公园

赵苑公园占地大，具有开阔的赏景视野，景区环境和景观效果典雅优美，建造精良，结合"妙极自然，宛自天开"的自然式山水园林的理论，体现出园林中的精华。

规划设计和建设施工标准高，打造精品景区，洁净优美的环境，游客良好感受与口碑树立了景区整体形象，增加了景区美誉度。

（三）功能完善，为居民服务

公园中不同的活动需要不同性质的空间承载。根据活动性质的不同，为了避免各种活动相互的交叉干扰，在规划设计中有较明确的功能划分。

梅開二度

赵苑九宫城春景

◄ 北门和氏璧

◄ 南门

▶ 成语典故苑"梅开二度"

▶ 九宫春景

101

唐山南湖城市中央生态公园

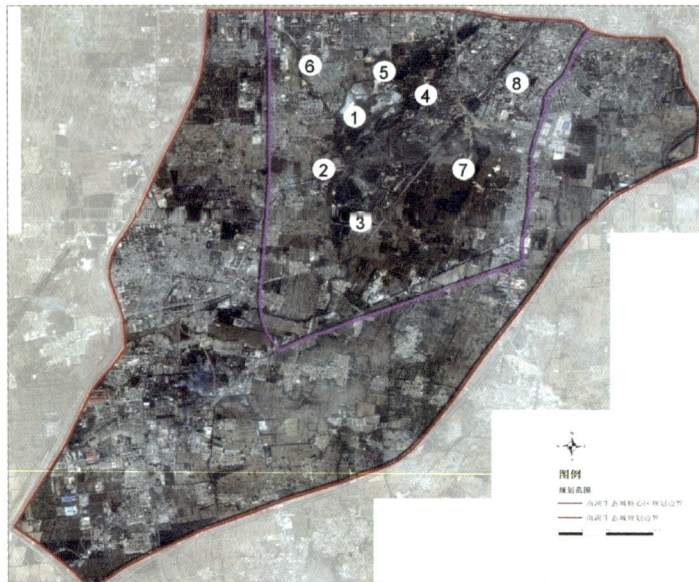

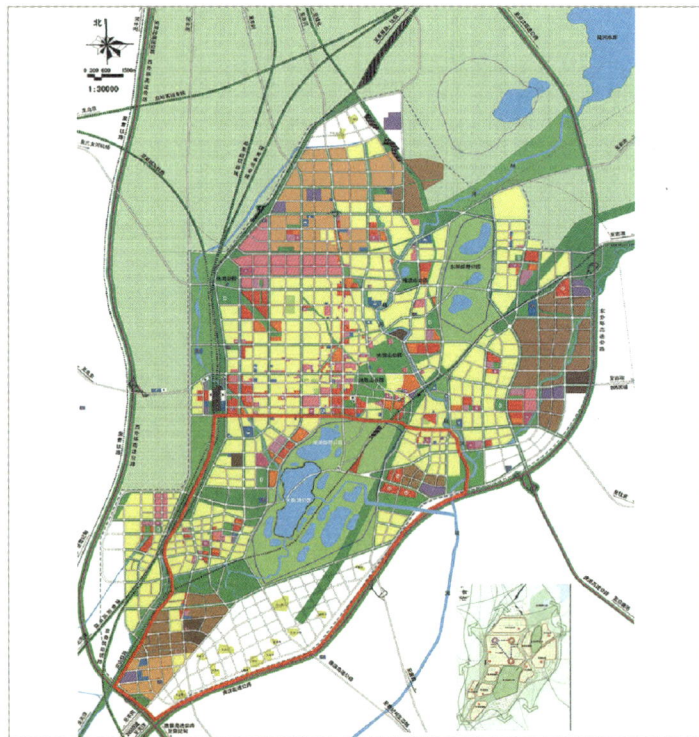

唐山南湖城市中央生态公园

一、城市及公园概况

(一) 城市概况

唐山市地处环渤海湾中心地带，南临渤海，北依燕山，东与秦皇岛市接壤，西与北京、天津毗邻，距北京150km，距天津120km，是联接华北、东北两大地区的咽喉要地和极其重要的走廊。

(二) 公园概况

唐山南湖城市中央生态公园位于唐山市中心的南部，距市中心仅1km，是唐山四大主体功能区之一南湖生态城的核心区。改造前是经过开滦130多年开采形成的采煤沉降区，垃圾成山，污水横流、杂草丛生，严重影响了城市的环境和整体形象，制约了城市的发展，影响了市民的工作和生活，浪费了大量的土地资源。自2007年，唐山市委、市政府将南湖生态城的环境治理作为落实省委、省政府的一号工程，经过多次考察论证，制定了治理方案和总体规划设计：充分利用现有条件，因地制宜，以绿色植物为主，营造多种适应不同地段，不同区域，不同地质条件生长的人工植物群落，用植物的生态功能彻底改善下沉区的生态环境。

改造后的南湖总体规划面积30km²，是融自然生态、历史文化和现代文化为一体的大型城市中央生态公园，年接待游客500万人次。公园绿地面积占94.95%（其中水面面积占45.39%），道路面积占5.02%。唐山南湖生态城作为城市园

林，这里是一个神奇的地方：几年前还是采煤塌陷区和大片垃圾场，如今已成为集休闲、观光和水上活动于一体的乐园。

　　唐山南湖城市中央生态公园为开放式公园，公园内的娱乐项目单独收费。公园服务设施全面到位，交通便利，有大型停车场、讲解员线路导游、星级宾馆酒店住宿，娱乐休闲场所等。

二、规划设计

(一) 指导思想

　　充分利用以南湖城市中央生态公园为中心的采煤塌陷区，实现"变废为宝、变劣势为优势、化腐朽为神奇"，由"深黑"到"蔚蓝"的历史性巨变，带动周边区域的开发和利用，以改善居住条件，提高城市品位。在生态与环境方面，南湖城市中央生态公园强调对整个城市生态环境的全民参与意识，主张有目的、有组织的开展城市的绿肺、生物多样性保护和维持自然生态过程，以及为市民提供身心再造的场所。

◀ 南湖生态城航拍影像规划范围图
◀ 南湖生态城总体规划区域图
◀ 龙泉湾风光
▲ 桃花潭风光
▶ 公园导览图

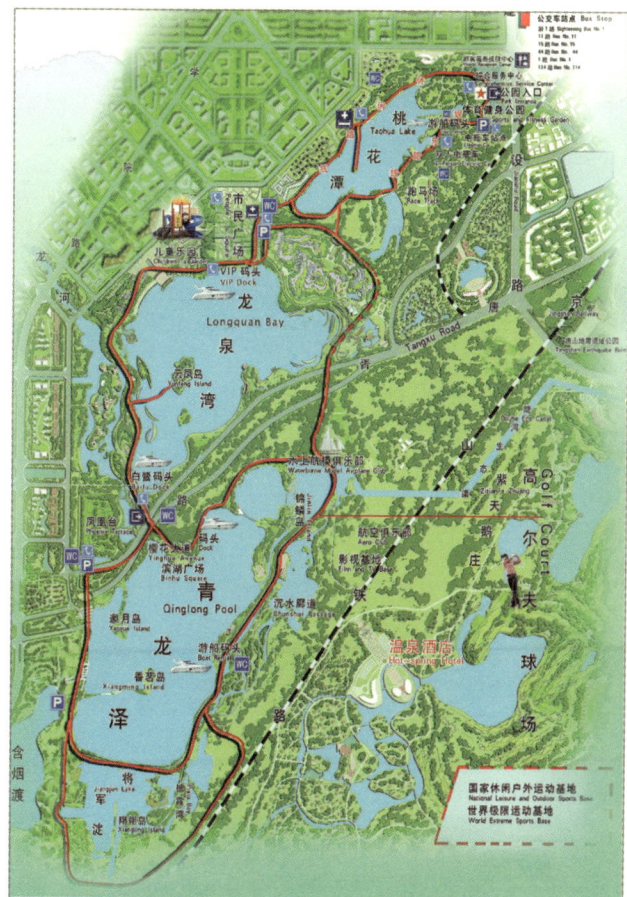

（二）功能分区

南湖城市中央生态公园按功能分区可分为十大区域。如下图所示。

序号	名称	占地面积（hm²）
1	市民广场	50.5
2	文化娱乐	21.0
3	植物园	32.5
4	城市滨水绿地	20.0
5	公共水域	93.5
6	酒店会议	22.0
7	休闲娱乐	8.8
8	生态隔离缓冲	95.8
9	湿地保育区	142.8
10	生态净化水域	106.7

（三）水系分析

枯水期时，从环城水系通过青龙河及陡河补水，经湿地处理后，通过泵站提升至北部湖区及小南湖进行补给。丰水期时，北部湖区湖水经明渠导入青龙河，再流经南部湖区湿地，排出该区域。

（四）道路布局

南湖城市中央生态公园道路按布局可以分为3个级别：一级道路、二级道路、三级道路。多级道路相互配合，形成完整的园区道路体系。

（五）主要景点

公园内有"桃花潭"、"龙泉湾"、"青龙泽"、"含烟渡"、"将军淀"等九湖，还有"云凤岛"、"香茗岛"、"锦麟岛"、"邀月岛"、"翔翎岛"五岛以及樱花大道、沉水栏道、凤凰台、白鹭码头、音乐喷泉等120多个景点，主要有：

1. 小南湖公园

位于市中心区以南约700m，建设南路西侧，占地面积330hm²，其中桃花潭面积37hm²。自1996年建设以来，该项目凭借变劣势为优势、化腐朽为神奇引起世人瞩目。小南湖公园是以广袤的草坪和茂密的树林以及宽阔的湖面为主要资源的公园。通过季相、色彩、层次与环境的合理搭配，营造出自然式的园林景观。

功能分区图中标注：
- 市民广场
- 商业中心
- 植物园
- 城市滨水绿地
- 公共水域
- 林间娱乐
- 低密度住宅
- 生态隔离缓冲区
- 湿地保育区
- 生态净化水域

N

图例
- 一级道路
- 二级道路
- 三级道路

N

- 凤凰大厦
- 工人文化宫
- 植物园
- 鹤风台
- 荷塘
- 鸣岛

图例
- 滨湖景观视线
- 主要景观视线
- 次要景观视线
- 主要景观节点
- 次要景观节点

◀ 景观效果图

▲ 功能分区图

▲ 道路系统规划图

▲ 景观节点及视线分析

▶ 小南湖公园风景（一）

▶ 小南湖公园风景（二）

◄ 南湖公园一角
◄ 建设前后对比（一）
◄ 建设前后对比（二）
◄ 建设前后对比（三）
▼ 音乐喷泉
► 儿童乐园
► 龙泉湾夕阳

2. 市民广场

坐落于南湖城市中央生态公园环湖北路，原刘庄煤矿旧址，仅用3个月的时间就在原有煤矿场和粉煤灰场上建设了面积6.2万㎡的广场，是唐山市最大的市民广场，它以集会、休闲、文化、演出、观赏为主要功能。

市民广场的建成，不仅为市民和游客提供了一个舒适、优雅的空间，也丰富了唐山市民的休闲文化生活，真正形成了一个具有开放式和现代气息的市民广场。

3. 音乐喷泉

位于市民广场前湖面，以大型喷泉水秀为主，兼有多种造景要素。喷泉中最引人注目、最具震撼力的是210m的高喷。喷泉景观水型丰富、技术先进、形态优美、观赏性强。

4. 儿童乐园

坐落在南湖城市中央生态公园市民广场西侧，占地面积5.5万㎡，其中儿童娱乐项目占地30%。本着高档次、重娱乐、保安全的原则，分期建成了旋转木马、摇马、跳床、电动小火车、升降飞机、滑梯、淘气堡、海盗船等项目，为小朋友们打造了一个娱乐天堂。

5. 龙泉湾

"龙泉湾"因西侧曾建有"龙泉寺"而得名。湖内建有"云凤岛"（戏岛），在岛上可以唱戏、观戏。演艺人员在这里表演"冀东三枝花"（乐亭大鼓、评剧、皮影）。在湖泊岸边应用了少见的生态护岸，这是国内的一项创新，制造护岸的材料并不是传统的水泥和砖石，而是木桩，体现了生态环保。道路两侧的太阳能灯也体现了节能环保。

6. 凤凰台

坐落在南湖城市中央生态公园唐胥路北侧，远望状如梯形的绿色山丘，台下蜿蜒曲折的水上栈道，有江南水乡韵味。它的前身是一座52m高的垃圾山，经过封场绿化建成了公园的至高点。置身凤凰台顶，眼前豁然开朗，南湖景致尽现眼底。

7. 白鹭码头

坐落在凤凰台东侧，属漂浮桶码头。充气活动码头为蓝色和橘红色相间，且造型时尚。码头边上，整齐地停靠着可供娱乐的各色船只，不但有电瓶船、水上独轮车，也有可供游戏的碰碰船、带水枪的水上双轮车，作为南湖的水上项目之一。这里目前共有电瓶船30艘，各类脚踏船76艘，大、中画舫各2艘，小画舫8艘。站在码头边，看着夕阳西沉，遥望湖边晃动的船只，慢慢驶入大海的壮阔场景，令人流连忘返。

111

8. 樱花大道

坐落在唐山南湖生态城凤凰台南侧，原为建筑垃圾、生活垃圾等废弃物堆放地和污水排放地，2008年2月投入资金进行改造，建成道路全长309m，路面宽5m，两侧遍植樱花238棵，分隔装饰带采用花岗岩，面层为水泥透水砖铺就，两侧路缘石为花岗石砌筑。如果把大南湖比作一条精美的项链，那么设计精巧的景观节点就是串成这条项链的颗颗珍珠。在这些璀璨的珍珠里，"樱花大道"无疑将成为最靓丽的一颗，2009年"五·一"开园以后，已经成为了游客观湖景的绝佳地点。

9. 国家城市湿地公园

位于公园唐胥路以南，是国家第二批城市湿地公园之一。2005年被批准为城市湿地公园时占地699hm^2，近年来随着湿地公园的建设和发展，在对原有湿地进行保护的基础上，对周边的环境进行了治理和建设，公园面积增加到1100hm^2。目前公园已成为树木成荫，草坪翠绿，湖水清澈，风光旖旎的集休闲、教育、湿地保护为一体的独具特色景观的城市湿地公园。

"青龙泽"因青龙河在此汇合进入南湖水系而得名。南湖所有湖面加起来达到了11.5km^2，相当于杭州西湖的2倍。这些水主要是来自天然的降水、输矸水、中水，以及青龙河和唐河的引水。唐山市依托唐山东边的唐河与西边的青龙河正在打造一个57km的环城水系；环城水系水面加上南湖水面占地达到25km^2，相当于杭州西湖的4倍。

"邀月岛"是一个酒岛，在岛上可以品味源远流长的酒文化。它南侧的"香茗岛"是一个茶岛，在岛上可以边品茶边欣赏南湖的美景。

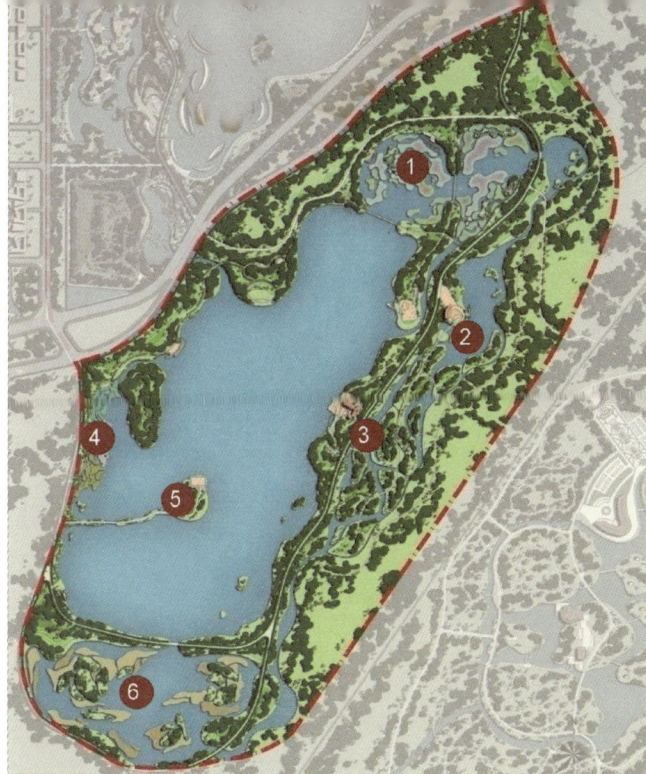

1. 莲花池
2. 湿地博物馆
3. 荷风四面
4. 水上花径
5. 香茗岛
6. 翔翎岛

锦鳞岛是一个鱼岛，在岛上可以进行观鱼、赏鱼、钓鱼等活动，它在五个岛屿中面积最大。

翔翎岛是个鸟岛，是野生鸟类栖息的场所。由于生态环境良好，吸引了大批的野生鸟类如天鹅、白鹭、戴胜、白头鹎，鹭类等前来聚集，潜在湖底的野生鱼类更是不计其数。

10. 紫天鹅庄园

坐落在公园东南侧，生态、节能木屋别墅区、四合院和高档接待中心。漫步在南湖紫天鹅庄，幽静的环境、异域的风情，令人神清气爽、流连忘返。绿草如茵，小桥流水，繁花掩映着典雅别致的木屋别墅，一切尽显着静谧与和谐。

11. 游鹿园

坐落在南湖城市中央生态公园将军淀西南侧，占地面积 $13.3hm^2$，园内以原生态自然景色为主导，依照梅花鹿原生存环境加以布置，使之脱离铁笼的束缚，有自由的活动空间，并创造出与梅花鹿原生地最接近的生活环境，来自承德避暑山庄的18头梅花鹿将让游客充分体验到人与自然的和谐。

12. 沉水栏道

建于南湖水面之下，两侧以玻璃墙隔之，透过玻璃可以看到各式各样的鱼儿在水中徜徉，拿起手中的鱼食向湖中散去，只见成群的鱼儿闻声而来，置身其中，妙趣横生，一览沉水栏道中独特风景。

◀ 青龙泽风景

◀ "邀月岛"风景

◀ "翔翎岛"风景

▶ 彩霞辉映耀新城

▶ 紫天鹅庄园风景

13. 国家体育休闲基地

坐落在唐山南湖生态城紫天鹅庄温泉酒店南侧、205国道北侧，总占地面积21km²。该项目由北京清华城市规划设计研究院设计，突出了"户外运动""自然生态"的特点，按功能可划分极限运动区、赛马马术区、温泉茶博区、开心农场区、水上娱乐区、野战拓展区等12个区域，囊括卡丁车俱乐部、宿营俱乐部等30个运动休闲大项，是集专业运动、大众休闲、自然生态于一体的唐山"人文生态"示范型国家体育休闲基地。

14. 地震遗址公园

坐落在南湖城市中央生态公园岳各庄路北侧，总占地面积41.3hm²，规划建设了地震纪念墙、科普馆、博物馆、纪念广场、纪念水池、纪念林。其中，地震纪念墙镌刻着唐山大地震24万罹难者的名字。2008年7月28日，地震遗址公园正式对游人开放，既成了大型纪念场所，也变成了一个新景点，吸引了成千上万名游客来此观光游览。

唐山地震博物馆坐落在唐山地震遗址公园范围内，该馆分为科普展馆和纪念展馆两部分。其中科普展馆共两层，地上一层、地下一层；展馆一层，其中纪念展馆部分2009年建成，是一座面积近4000m²的地下展馆，是目前国内最大的地震主题展馆和爱国主义教育基地。

15. 南湖运动绿地（南湖国际高尔夫俱乐部）

坐落在唐山南湖生态城范围内，是国际标准72杆锦标赛级18洞双湖景球场。距市中心4.5km，距京沈高速唐山西出口15km，距唐津高速唐山南出口7km。

◀ 国家体育休闲基地
◀ 地震遗址公园建设前后对比
◀ 地震遗址公园雕塑及纪念墙
▶ 唐山地震博物馆
▶ 南湖运动绿地

（六）雕塑景观

公园中结合雕塑设计竞赛，布置了多处特色鲜明、富有创意的雕塑作品，成为公园中靓丽的风景。

（七）植物风景

根据唐山市的气候条件和土壤条件，并结合美学要求，公园植物风景设计从空间、季相、文化等方面进行配置。

1．植物种植以孤植和丛植为主，孤植多选择姿态、形态和色彩都很美观的树种如油松、雪松。丛植根据树木的高矮、大小、色彩进行配植，体现疏密相间、灵活自然。

2．体现丰富的季相变化。春季配置迎春、碧桃、榆叶梅、连翘、丁香、蔷薇、棣棠等；初夏配置木槿、紫薇、珍珠梅、合欢和各种草花等；秋季观叶的有五角枫、元宝枫、银杏、火炬、栾树和观果的海棠、山楂、苹果等。冬季配置的有油松、桧柏、龙柏、云杉、白皮松等。使公园呈现出春季万紫千红、夏季绿树成荫、秋季叶色多变、冬季银装素裹，形成三季有花、四季有绿的休闲场所。

（八）游园活动

　　自建园以来，组织了丰富多彩的游园活动，元旦长跑，全民健身活动，大型文艺演出、荷花节、中秋南湖赏月、冰雪节等，南湖城市中央生态公园在一年四季中都绽放着热烈和奔放。

三、建设特色

　　南湖城市中央生态公园的开发建设，使唐山城市中心区有了一个巨大的城市"绿肺"和"大氧吧"，有效改善了唐山的区域气候和生态环境。

　　南湖城市中央生态公园的建设是唐山城市建设的亮点，是生态文明的旗帜，提供了采煤塌陷区治理的经验。南湖城市中央生态公园的建设也探索了资源型城市转型模式，并将成为实现科学发展的典范。充分利用现有条件，因地制宜，以绿色植物为主，营造多种适应不同地段，不同区域，不同地质条件生长的人工植物群落，用植物的生态功能彻底改善下沉区的生态环境。经过近几年的治理和改造，昔日荒凉的旷野、墓地、污水沟、垃圾堆都披上了绿装，成为树木成荫、草坪翠绿、湖水清澈的集休闲、娱乐、教育为一体的独具特色景观的森林公园。但是由于范围大，水面所占比例高，对于水质的改善技术和管理体系的完善仍需继续研究和探索。

唐山市凤凰山公园

唐山市凤凰山公园

一、城市及公园概况

(一) 城市概况

位于河北省东北部，地处京山要塞，东临渤海，北依燕山，西南与京津相连，地理位置极为优越，人杰地灵，物产丰富，被称为"冀东平原的璀璨明珠"。建成区面积224k m²，建成区人口197.13万人，是国家级园林城市和国家级优秀旅游城市。

(二) 公园概况

凤凰山公园位于唐山市中心繁华区，四周为文化路、凤凰道、龙泽路、北新道围合，始建于1956年，是唐山市建园最早的公园，初建时占地面积19.72h m²。凤凰山原名双凤山，主峰海拔88m，山势挺拔秀丽，苍松翠柏密布，因前山如凤凰展翅故名。至1976年唐山大地震，除20世纪70年代在山顶所建的凤凰亭外，其他设施全部震毁。凤凰山公园当时做为紧急避难场所，在抗震救灾中发挥了极其重要的作用。1984年12月，凤凰山公园完成震后恢复建设，重新向游人开放。随着新唐山建设规模的不断扩大，凤凰山公园成为了唐山市标志，新唐山—凤凰涅磐的内涵亦由此而衍生并发展。2007年4月，按市委、市政府要求，对凤凰山公园进行了重新规划，公园的面积增加到43.25h m²，并于2009年5月1日正式开放，总投资9700多万元。

改扩建工程完工后，公园绿化面积344983m²，绿地率达79.76%，完善了各项服务设施，新建文化艺术中心一处，真正形成了集文化、休闲、娱乐、健身为一体的综合性中心公园。

二、规划设计

(一) 指导思想

遵循唐山市绿地系统规划，充分利用凤凰山公园的自然山体、地形、地貌及原有植物和景观资源，综合考虑了市政设施、道路、周边公共交通及城市对景观和公共空间的需求，充分突出公园的凤凰主题，设计理念为"穿行"，通过增加人行道入口，使游人非常方便地从各个方向进入公园参观游览。经过改造和扩建，使公园功能更加完善、合理，形成集文化、娱乐、休闲为一体的市中心区综合性公园。

(二) 规划布局

全园形成18个景区，70个景点，各景区围绕公园的主路错落有致进行布置，构成了集锦式格局。凤凰山坐落在公园中北部，登山眺望，公园各个景区一览无余。公园内还修建了体现各类植物特色的景观道路和小型广场，对公园保留下来的原有景点进行了修缮，对一些废弃的人防工事进行了改造，使之成为供游客参观的"祥云洞"。随着凤凰山历史文化资源不断挖掘整理，公园的文化内涵进一步丰富和完善。

◀ 凤凰山凤凰亭

▶ 规划布局

▼ 凤凰山晨曦

（三）主要景点

1. 水膜广场

    西南门广场西侧安装一座音乐喷泉，喷泉东侧是3个中间低、四周高的水膜广场，放水后水膜厚度0~20cm。广场的南北两侧是疏林草地，在炎炎的夏季，喷泉各种各样的水柱伴随着美妙的音乐翩翩起舞，儿童在水膜中戏水玩耍，游人在水膜周围欣赏着喷泉和周围的美景，一幅欢快、祥和的景象展现在游人面前。

2. 莲鱼湖、百游廊

    莲鱼湖面积为2100m²，在莲鱼湖周边铺设了环湖木质铺装，作为游人休闲的场地。湖中间设置了灯光程控喷泉，中间主喷依据凤凰的形状，把800余盏LED三色灯和喷头组装在一起，结合雾森景观设计，形成五彩斑斓、宛若仙境的景观效果。湖东侧百游廊为人们提供舒适的活动场地，长廊延伸到远处的春景花园中，一个个座椅围合的小空间可以开展多种规模的活动。每天都有众多的京剧、评剧票友和歌唱爱好者到这里表演、歌唱，引来很多市民驻足观看。

3. 水上画中游

由紧邻文化路的荷香湖改建而成，展现给游人的是一幅自然水岸画卷。在湖边设置了亲水平台，石笼挡墙与湖岸之间高低错落种植了黄菖蒲、水葱等水生植物，使此湖更加自然和生态。在湖中央设置了造型多样的音乐喷泉，灯光伴随着优雅的乐曲，梦幻般的起伏交叉生辉，随着灯光颜色的变换构成一幅五彩缤纷优美动人的场景。

4. 烟雨湖

烟雨湖是公园中面积最大的人工湖，北邻北新道，东有水榭花厅，西有游船码头，南望凤凰山，与城市道路形成共享景观。

在湖西侧设置游船码头，在石笼挡墙与湖岸之间种植了高低错落的千屈菜、芦苇、香蒲等水生植物，使烟雨湖掩映在青山绿草之中。

5. 竹林展场

利用现状洼地设计成多功能场地，东侧是一座迂回曲折的听雨廊桥，游人走在廊桥上，观赏着周围的美景。竹林围合的空地可作为临时展场和露天茶座使用，翠绿的竹林、钢格栅硬化、曲折的廊桥构成了一幅美丽的画卷。

▼ 画中游夜景
▼ 画中游喷泉
▶ 烟雨湖
▶ 竹林展场景区

▲ 绿野仙踪

6. 绿野仙踪

利用原有的游乐设施小火车铁轨和隧道，在铁轨上安装防腐木形成环状的活动空间，周边有起伏的木台阶和观景木平台，木台阶外侧安装了喷雾装置——雾森。雾森开启的时候，喷出的雾气使这里成为云雾缭绕的仙境，是小朋友捉迷藏、玩耍的好地方。

7. 凤凰亭

凤凰亭位于公园内的凤凰山主峰，海拔88m，山势挺拔秀丽，苍松翠柏密布，震后幸存下来的古朴典雅八角重檐凤凰亭依然矗立在山巅，登二楼平台眺望，新唐山一览无余。

8. 儿童游乐场

该场地设计为微地形，东西两侧高，南北与路平，地面采用塑胶铺设，图案为红黄相间的波浪形。根据地形布置转椅、小桥、秋千、滑梯、跷跷板等十几种游乐设施，柔软的塑胶场地可防止小孩玩耍时受到伤害。每天这里成为小朋友欢乐的世界。

因为这里质地柔软、色彩鲜明，同周边的环境和材质及颜色上形成了鲜明的对比，使公园景观更为丰富。

◀ 凤凰亭

▲ 塑胶场地

待余放笔不知狂
芒是丹青蔡较量
灵叶液成千点墨
赞花染出几痕霜
浓滋蒲会风前影
跳脱秋生院底香
寡认东篱闲采撷
粘屏聊以慰重阳

9. 凤凰山历史文化中心

采用四合院式建筑，是举办相声专场、戏曲专场等各类演艺活动和书画作品展、应时花展等各种展览活动的主要场所，使广大游客在参观游览中得到更多的艺术享受。

10. 银杏广场

紧邻唐山市博物馆，草袋和砖石相互穿插形成的广场位于一片银杏林下，地面局部起伏，成为座椅和看台，局部镶嵌的瓷片提示人们这里是北方著名的瓷都。入口处条带状的喷泉水景强调人的互动，烘托了城市气氛。

11. 运动花园

运动花园中的场地巧妙利用地形和绿化分隔空间，使场地掩映在树丛花海之中。其中包括下棋场地、羽毛球场、乒乓球和成人健身场地、篮球场、门球场和儿童游戏场。场地由土坡围合，土坡内侧可作为看台和休息靠墙。土坡之间利用高差和斜坡形成轮滑场地。

133

◀ 历史文化中心
▶ 银杏广场效果图
▶ 银杏广场喷泉效果图
▶ 运动花园景观效果图

▲ 杏林路景观效果图

▲ 情侣小径景观效果图

▶ 公园秋景

▶ 凤凰山下百游廊

▶ 地被植物景观

12. 道路景观

沿公园道路修建了体现各类植物特色的景观路和小型广场，如以杏树和迎春为主的杏林路、以合欢和连翘为主的合欢路、以栾树和马蔺为主的栾树路、以银杏和大花萱草为主的银杏路等，景色怡人、场景壮观。

(四) 植物风景规划

随着城市建设水平不断提高和城市规模的不断扩大，人们对作为改善城市环境重要手段的公园绿化提出了更高的要求。要在有限的土地和空间内提高园林绿化的生态效益，建立生态与景观相协调的人工植物群落。

1. 植物配置

在园林植物搭配上，为了解决北方树木品种偏少、冬季景色萧条等状况，适当增加常绿树数量和绿期长的地被植物（丹麦草、麦冬）的面积。为了满足划分空间和组织景区的需要，在不同景观点上，突出不同的树种，已形成风格各异的景观效果，例如杏树广场以杏树为主，银杏广场以银杏为主，西南门广场以合欢为主，突出广场特色。

2. 园林植物选择

以色彩相宜、季相相宜、适地适树、节约型园林建设为原则。以乡土树种为主，综合考虑通过花木的色彩、形态及季相特点，形成色彩丰富、季相突出、景色怡人的园林植物景观。地被植物选择粗放管理的麦冬、崂峪苔草、羊胡子草、蛇莓、狼尾草等，形成多样化地被园林景观的同时，减少了后期维护管理费用。

▲ 凤凰木屋

◀ 晨练

▶ 凤凰山下百花坡

（五）防震减灾功能设计

1. 防震减灾设计

随着城市规模的不断扩大和人口的过度集中，健全城市防灾系统已成为一项不容忽视的艰巨任务。在城市各类防灾系统中，公园绿地是一种既能为城市居民提供自然游憩空间、改善城市生态环境，同时又能发挥避难疏散作用的重要场所。

(1) 紧急避难场所的规划

公园大型绿化活动场地、绿化停车场、广场设计为紧急避难场所，包括水膜广场、北门区、杏树广场、银杏广场、凤凰棋友会、超级票友会、梦幻花园、3个林荫停车场，多设在入口附近，平时是休闲娱乐的场所，灾害发生时可作为棚宿区。

(2) 灾害对策点的规划

救灾指挥中心设在西南门喷泉控制室、竹林茶室。医疗救护中心设在凤凰山历史文化艺术中心，抢险救灾物资储备中心设在北门停车场。平时可以维护公园的日常运营、服务游人以及储备救灾物资，灾害发生时则可以作为救灾对策点。

(3) 防灾设施

防灾设施主要是水设施、应急厕所、照明设施、指示标牌等。水膜广场、杏树广场设有救灾备用水源，园内主路两侧设置14个消防栓，园内14500m²的湖面可作为消防用水水源；公园有8个应急厕所；公园有6个对讲机作为灾时通信设备；公园照明设计以安全性为原则，沿主路设置高杆灯，其余道路和场地以太阳能灯、庭院灯和草坪灯为主，既节能，又保证景观效果，也提高灾时利用几率，还配备应急照明设备，如手电筒、干电池、探照灯等；公园设置指示标牌，作为防灾公园指示标牌是非常关键的引导工具，平时起到提示游人作用，提高人们的避难意识，在灾难发生时，它可以引导避难人群迅速到达安全的地方；公园配备充足的灭火器材，大水车2部，干粉灭火器50个，风力灭火机5台，防止火灾发生。

(4) 种植设计

作为防灾型公园绿地，在开阔的绿地周围种植防火隔离带，灾害发生时，又可以起到防止、延缓火势蔓延的作用。公园利用了大量的地被植物作为基底，如：麦冬、崂峪苔草、沙地柏、马蔺、萱草、蛇莓、匍枝亮叶忍冬、八宝景天、长尾婆婆纳等；并配有适合唐山生长的各种花灌木，如：樱花、迎春、连翘、珍珠梅、丁香、锦带、金银木、棣棠、蔷薇、红瑞木、早园竹等；形成乔灌草结合的复层种植结构。据研究表明：在任何一种城市灾害面前，乔灌草结合的复杂植物群落结构都优于简单的草坪景观。

三、公园活动

改造和扩建后的凤凰山公园因其景致优美、设施齐全、出入方便、全天候开放等因素而深受广大群众青睐。参差错落的地形形成了丰富多样的空间类型，也为市民们提供了多样的活动场地。唱歌、跳舞、摄影、录像、读书、习武、写字、画画、登山、健身等活动丰富多彩。凤凰山公园既是唐山社会的窗口，同时也是连接政府和民众之间的纽带。各种科普宣传、主题活动、展览展示、公益性花展、群众互动项目、民俗活动等多种形式，广泛地吸引广大群众参与游园活动。

◀ 圆廊
◀ 荷香湖夜色
▶ 丰富多彩的公园活动

▲ 朝阳阁

▼ 历史文化中心

四、公园建设特色

凤凰山公园自然资源丰富、区位优势得天独厚，是开展各种体育活动、科普教育、文化宣传活动的重要场所，在唐山市民心目中树立了良好的社会形象，凝聚了广泛的社会影响力。2005年凤凰山公园被评为"河北省三星级公园"， 2009年被评为"河北经典园林"。

凤凰山公园建设包括改造和扩建两大部分。但由于历史原因，人们还是习惯于在老园区活动，这就造成公园使用功能不平衡。后期应进一步完善各项活动设施，开辟活动场所，适时举办各类主题活动，将客流量逐步引向扩绿部分，使公园使用功能更加平衡。同时，由于公园全天开放，面积较大且地势复杂，安全管理措施尚需进一步完善。

五、科技成果及其应用

近年来，公园大力开展科技创新，带动和促进公园建设和管理，提高绿化水平。结合凤凰山山体裸岩较多的现状，公园技术人员进行了立体绿化在唐山绿化建设中的应用研究，在山脚、廊架、建筑物旁，对攀援植物扶芳藤、山荞麦、藤本月季、栝楼、紫叶金银花、葛藤进行引种栽培试验，试验结果表明上述攀援植物完全适合唐山地区生长。通过研究推广，凤凰山部分裸岩爬满了爬山虎、五叶地锦、扶芳藤等攀援植物，美化了山体。通过推广丰富了唐山市垂直绿化材料植物，提高园林绿化景观水平，提高了城市绿量，最大限度地提高城市绿化的生态效益。该项目2010年荣获河北省住房和城乡建设厅科技进步二等奖。

▶ 松风亭

廊坊市文化公园

廊坊市文化公园

育中心、新奥高尔夫球场和国际会展中心，形成了未来廊坊的中心焦点。为全年免费开放式公共休闲园林，年接待游人、读者约210万人次，公园内有游船码头、冬季滑冰场、西餐厅、停车场、户外健身场、冷饮厅、游客服务中心、医疗室、三星级旅游厕所等服务设施。

廊坊市文化公园所在地原是一片盐碱沙土地，过去这里杂草丛生，蚊蝇滋长，恶臭熏天，已成了脏乱集中地，严重影响了市区北部居民的工作、生活环境，群众反映强烈。2002年，市委、市政府把文化公园建设列为"十件实事"之首，开始投资兴建。如今已经建成集文化、艺术、休闲、游览为一体的多功能公共园林景观。

廊坊市文化公园规划占地面积44h㎡，总投资预计6亿元人民币。一期景观工程由自然循环公园、梦幻湖、艺术公园、儿童益智水上乐园、智慧大道及书法大道六个景区组成。二期工程博物馆、图书馆于2006年建成并投入使用。园内共种植绿化植物66种10.4万株，公园的技术经济指标如下：

用地类型	面积（㎡）	占地比例（%）	备注
公园面积	440000	100	
绿地	300000	68	
水面	77643	18	
道路广场	47357	11	
建筑	15000	3	

一、城市及公园概况

（一）廊坊市概况

廊坊市位于河北省中部偏东，北临京都，东与津门交界，南接沧州，西和古城保定毗连，地处京津两大城市之间，位于大北京经济圈的腹地。

廊坊自然资源丰富，有平坦肥沃的土地，年平均气温为11.9℃，年平均无霜期为183天左右，年平均降水量为554.9mm。降水季节分布不均，多集中在夏季，6~8月降水量一般可达全年总降水量的70%~80%。

近年来，廊坊市全面实施"蓝天、碧水、净土、绿化、宁静"五大工程。目前，城区空气质量二级以上天数保持330天以上，市区绿化覆盖率达到46%，人均公共绿地12.2m²。

廊坊市在全国中等城市中率先通过"ISO14001环境管理体系认证"，成为"ISO14000国家示范区"，荣获"中国人居环境奖"、"中国优秀旅游城市"、"全国绿化模范城市"、"国家环保模范城"、"国家园林城市"、"国家节水型城市"等一批国家级荣誉。

（二）文化公园概况

廊坊市文化公园是廊坊市建市以来投资最大的文化主题公园，位于该市三点组团的中心支点位置，南侧为市区、东北接开发区、西北为未来万庄新区，东有廊坊市全民健身体

二、规划设计

（一）指导思想

廊坊市文化公园总体规划由德国GMP公司承担，景观由澳洲S.I事务所和香港何显毅建筑师楼合作设计。景观设计的主题是"启示"，通过多方位、多角度、多领域的景观营造，使人们从自然、艺术、戏剧、文学等方面得到启发。

（二）功能分区与植物配置

文化公园在景观设计中表达了自然、艺术、文学、戏剧四个文化主题。在设计中努力将园区营造成一个学习和探索的场所，体现了公园浓郁的文化特色。在功能上集观光旅游、亲子健身、学习休闲、商业购物于一体。整个公园主要由自然循环园区、艺术园区、儿童益智水上乐园、梦幻湖、书法大道和智慧大道等景区组成。

▶ 公园总平面图

▼ 公园俯瞰图

1. 自然循环园区

位于公园东北角，园内有两组雕塑，一组由三颗"种子"组成，另一组由分别雕塑着牡丹和菊花的两个镂空"吉祥球"组成。展现了植物体从种子开始，生根、发芽、开花、结果的一个自然循环过程。

景观植物由白蜡、西府海棠、山楂、柿树、栾树、金银木、龙爪槐等组成。西南侧配置为一片毛竹林。自然循环公园中还有一些独具特色的景观内容，如铺砌地面所用的这些粉红色的小石头，名为"贴洗石"，游人在上面赤足行走能起到足底按摩的作用。

2. 艺术园区

位于公园西北角，与自然循环公园相比，具有更多时尚的艺术气息，可以看到风格迥异的多座雕塑。北端一座被命名为"林深鹿鸣"的雕塑，展现的是一只鹿从森林中走了出来，走近了人类的生活，它向上无限沿展的鹿角象征着广阔的森林。这些鹿有着生态环保的寓意：象征着自然与人的亲切、和谐的关系，希望人和大自然中的动物能够和平共处，共同拥有一个温馨的家园。

另一座红色的雕塑，是由许多五线谱音符组合而成，名为"散铃"，有风吹过时，这些风铃会发出美妙的乐音。铃声伴着潺潺的流水，给人以无限遐想。散铃下部是"螺旋水池"，象征着我们祖国的文化艺术由渊源一点点发扬光大，必将世代相传，源远流长。其它三组雕塑：分别是"家庭"、"呵护"、"思考"，表达了"和谐"、"温馨"、"探索"的寓意。

此园植被丰富，北侧有油松林、千头椿，南边有楸树、银杏、栾树，西侧有法桐等高大乔木，合欢群植点缀于园内，蔷薇、紫薇等花灌木配置于草坪及园路旁，构成了多姿多彩的园林艺术景观。通过游览体验，鼓励人们去思考、去探索、去表达、去发现美。

147

◀ "吉祥球"雕塑
◀ "花斑芽"雕塑
◀ 空竹表演
▲ 循环水渠（自然循环园实景）
▶ 翠渠潺潺戏金鲤

3. 儿童益智水上乐园

　　专门为孩子们打造的一方快乐天地，其中一个抽象建筑是博士帽成长舞台，希望孩子们能够茁壮成长。此外，还有滑草坡、木制拱桥（彩虹桥），都是给孩子们提供的自娱自乐的场所。这里的戏水池在高空俯瞰呈5个小脚丫状，象征孩子们一步一步长大。里面的雕塑给他们自己动手动脑提供了一个空间。有绘画工具雕塑的水池名"绘画"，是希望孩子们用这些绘画工具描绘自己的未来；有音乐器材雕塑的名为"音乐"，希望孩子们用这些器材演奏自己的人生。从"绘画"、"音乐"、"彩虹桥"到"博士帽"也寓意了对儿童学习、成长、放飞理想的美好祝愿。

　　此园配置有千头椿、玉兰、山楂、紫薇、樱桃、碧桃、紫叶李等，构成了有花有果、色彩斑斓的美景，表达了丰富多彩的儿童生活。

150

4. 梦幻湖

湖区总面积8hm²，湖水最深处1.5m，湖中共有四组大型的弧形喷泉，喷泉内设有彩灯围绕，喷泉开启时水雾弥漫缥缈，在朦胧夜色和彩灯的映衬下，更显梦幻湖如梦如幻。在位于湖东边的梦幻桥的至高点可以欣赏到整个梦幻湖的美景。

湖岸周围植物配置以馒头柳、龙爪柳、垂柳、金丝柳等柳树，湖北岸路两侧是由大花萱草、鸢尾、千屈菜等多种花卉组成的镶花草坪。这些草坪自然生长不经过修剪，体现了贴近自然的一种设计理念。一些红色小花点缀其间，形成万绿丛中一点红的景观特色。湖边园路上那些银白色的柱灯，是从英国索恩公司进口的蜡烛灯，共有101盏，是目前全世界集中使用蜡烛灯最多的地方之一。它由两部分组成，上面是聚碳酸酯灯杆，内部有一层金属镀膜，下面是高压铸铝灯座。它的特别之处是光源在底部，而顶部反射发光。启用时通体透明，光的亮度上强下弱。在朦胧的夜色下，奇妙的灯光配上碧波微漾的湖水、婀娜多姿的柳树，令人如梦如幻、心旷神怡。

▲ 金霞漫天入梦境

▶ 梦幻碧波映蓝天

5. 智慧大道

　　总面积约为1.6万m²，51组雕塑，其中内容涉及天文、历史、语言文字、社会自然科学四大类，形态上分为柱体、正方体、锥形和球体，在设计上，将世界文化结晶分为四个领域进行了浓缩提炼。求新、求变，突破了传统雕塑的设计思想，力求一步一景。从雕塑的可视性、可读性入手，增加材质和制作工艺的多样化，其中包括转换利用近20余种材质及10余种雕塑制作工艺。雕塑的艺术性和科普性相结合，使游人漫步其中时在启迪思维的同时也能得到美的享受。

6. 书法大道

　　占地1300余平方米，由巨石印章、书法简史、名篇赏析、景观小品等4个部分组成，展示了从先秦到近现代中国书法的历史进程，各个朝代的名家名作，创作各书体的历史经历以及古人吟诗作赋的历史场景。智慧大道和书法大道两侧用刺槐与青桐相间配置，对比强烈。波浪形的草坪，似一册册打开的书卷给人以启示。

◀ "世界地图"雕塑

◀ "进化"雕塑

◀ "古埃及"雕塑

▼ "星座"雕塑

▼ "古老文字"雕塑

▼ 园林生态秀美景

▶ 巨石印章

▶ 书法简史

▶ "曲水流觞志趣雅"雕塑群

园林生态效果图　beautiful ecological garden like painting

7. 文化园区

在公园东南部建有廊坊市博物馆、廊坊市图书馆，陈列有雕塑以及三级以上石刻文物。表达了知识的循环是从认知学习开始，由此引发智慧和思考，然后又通过教育传给后人的设计思想。

(1) 廊坊市博物馆

除展出廊坊市历代较有代表性的文物外，还兼顾了文化艺术展览功能和休闲功能。博物馆前面三组由青铜器制作而成的雕塑依次为：中华瑰宝、印记、对话。其中，中华瑰宝主题雕塑为一方巨鼎。"鼎"在我国古代为礼器之首，喻中和兴盛、繁荣富强、和平安定之意。南门前的这方"中华瑰宝"巨鼎雕塑基座有五组浮雕，由上至下分别为廊坊按历史沿革最具代表性的历史大事件及文化精粹，体现了经过长久历史积淀的廊坊文化，有过曲折坎坷但更是壮丽辉煌。印记雕塑是由我国古代青铜器"爵"和"猪尊"配以中国古代机箱纹饰演变而来的。中心雕塑为"印"，它和"尊""爵"同属我国古老文化。"印"的寓意是代表中国历史源远流长步步走来的"印记"。对话雕塑采用了两枚中国古代钱币史上最有代表性的刀币，通过体位90度的转换，形成对面站立的布局，给人以对话之寓意，像是在诉说着几千年来中国灿烂文化的不断发展。

博物馆周围用紫叶李、银杏环绕主体建筑形成内外双层配置，馆前绿地植被最为丰富，有红瑞木、观赏竹、龙柏、丁香、连翘、紫薇、木瓜、桧柏等植物。形成了一个层次丰富、四季有景的园林景观。

(2) 廊坊市图书馆

本图书馆是一个集管理、通信、办公、监控于一体的数字化图书馆。它的建成极大地丰富了市民的文化生活，给市民提供了一个安静舒适的阅读和学习环境。馆前正中栽植了一株生长多年的紫藤，两侧配置银杏、紫叶李、大叶黄杨、迎春等。

▲ 璀璨群星落人间

▲ 廊坊市博物馆

◀ 廊坊市图书馆

(3) 商业服务区

位于中央的梦幻湖周围，包括超市、西餐厅、文化街、医疗室、游客服务中心及公园管理办公区等。滨湖商业区丰富了公园的服务功能。

三、游园活动的内容、形式

　　廊坊市文化公园自开园以来，凭着优雅脱俗的景观和高质量的服务，得到了社会各界人士的认可和赞扬，取得了良好的社会效益，为广大市民群众创造了一个颇具特色的休闲、娱乐环境。

　　至今已累计接待包括日本、美国、蒙古、新西兰、非洲等多个国家和地区贵宾团在内的2000多个代表团，休闲市民数百万人次，举办了一系列社会公益活动和市场经营活动，如：汽车文化展、奇石文化展、太极拳大赛、"热气球节"、"彩色周末"文化演出、"唱响红歌"群众歌咏活动、"新春文化节"大型游园活动以及"欢乐中国行"廊坊演出等。这些以文化为主题的各种活动烘托出了文化公园的文化气氛，得到了社会各界的一致称赞。使游客不仅在休闲娱乐中陶冶了情操，也在丰富多彩的活动中得到启示。

四、公园特色

　　廊坊市文化公园采用了以规则式为主的设计手法，设计中注重了公园设计的艺术性和知识性，是一个集文化、艺术、休闲、游览为一体的多功能主题文化公园，公园设计突出了厚重的文化底蕴，体现了一种全新的现代设计理念，设计理念新颖。设计在满足公园功能的基础上，提高了公园的文化品位。

▶ 汽车文化节
▶ 欢快中国魅力廊坊
▼ 红歌响亮贺国庆

张家口市人民公园

张家口市人民公园

一、城市及公园概况

(一) 城市概况

张家口市地处河北省西北部。地理位置北纬39°，东经113°，处于华北平原和内蒙古高原过渡带，呈北高南低山谷盆地型。张家口市主城区面积79.53km²，辖5区，两个管理区，一个产业积聚区。主城区人口86.22万。

张家口属大陆性气候，昼夜温差大。年平均气温8℃，7月平均气温23℃。年降雨量为300~550mm。极端最高温度39℃，极端最低温度−26℃。

(二) 人民公园概况

张家口市人民公园位于张家口中心城区滨河西岸，始建于1925年，1934年改建为公园，定名"太平公园"。1945年张家口第一次解放，改名"和平公园"，1948年张家口第二次解放，公园正式更名"人民公园"并沿用至今。

2007至2008年进行拆墙透绿，升级改造并免费开放，现占地面积为10.43hm²。公园年接待游人量730万，日最高接待游人量达2.7万人次。公园的技术经济指标如下：

张家口人民公园的用地指标

用地类型	面积 (m²)	占地比例 (%)	备注
公园面积	104300	100	
绿地	75096	72	
水面	5215	5	
道路广场	195041	18.7	
建筑	44849	4.3	

张家口市人民公园总平面图

张家口市人民公园始建于1925年，位于张家口中心城区滨河西岸，现占地面积为12.43hm²。人民公园历经百年风雨，经过近几年来的创新规划与改建，保留了对历史的承载，摒弃了束缚绿色的围墙。如今他以崭新的风貌，开放的胸襟融入到张家口市日新月异的城市发展之中；他如同一位睿智渊博的长者，怀揣着几代张家口人童年的回忆，融入到每一位市民的生活之中。公园现分为生态游憩区、滨河绿带区、中心水景区、休闲交友区、健身活动区、五大功能区，是张家口市区内较完善的，集健身、休闲、娱乐为一体的综合性公园。

　　人民公园设有东、南、西三个主要出入口。公园东侧入口增设了停车广场，满足游人停车需求；南入口处设置电子阅报栏，宣传了科普知识，营造良好的游园氛围；西门入口为公园主入口，设置了广场和停车场。

二、规划设计

（一）指导思想及设计理念

　　人民公园作为展示张家口城区园林景观的窗口，突出了历史与地域文化，凸显了人与自然、人与生态的结合，形成了具有时代气息的城市公共开放空间。

（二）功能分区

　　人民公园由生态游憩区、中心水景区、休闲交友区、健身活动区、科普宣传区五大分区组成。

◄ 公园平面图

▲ 水榭全景

► 东入口

166

1. 生态游憩区

    生态游憩区位于公园西侧。主要由广场、古树、林荫路组成。该区是公园保留古树最多区域之一，其中许多参天大树均植于20世纪20～30年代或更早。

    历次的改建也注重了对此区植物生态的保护，长此以来形成了极富韵律的林冠线，凸显于城市中央，赏心悦目，颇有气势。步行于林荫路上，鸟语花香，十分惬意。该区建有牡丹园，经几代园林人精心培养，抗逆性较强已扎根塞北的菏泽牡丹，很好地适应了张家口地区冬季寒冷的气候，每到4、5月间，惊艳绽放，为市民游客津津乐道，留影者络绎不绝。